带着正能量去做事

激发潜能，让自己变得更优秀
POSITIVE ENERGY

带着正能量去做事

张俊杰◎编著

企业管理出版社
EMPH ENTERPRISE MANAGEMENT PUBLISHING HOUSE

图书在版编目（CIP）数据

带着正能量去做事 / 张俊杰编著 . -- 北京 : 企业管理出版社 , 2017.6
ISBN 978-7-5164-1517-7

Ⅰ . ①带… Ⅱ . ①张… Ⅲ . ①企业 – 职工 – 劳动态度 Ⅳ . ① F272.92

中国版本图书馆 CIP 数据核字 (2017) 第 114131 号

书　　名：带着正能量去做事
作　　者：张俊杰
责任编辑：张平　田天
书　　号：ISBN 978-7-5164-1517-7
出版发行：企业管理出版社
地　　址：北京市海淀区紫竹院南路 17 号　　邮编 :100048
网　　址：http://www.emph.cn
电　　话：总编室（010）68701719　发行部（010）68701816　编辑部（010）68701638
电子邮箱：qyglcbs@emph.cn
印　　刷：河北华商印刷有限公司
经　　销：新华书店
规　　格：170 毫米 ×240 毫米　　16 开本　　18.5 印张　　250 千字
版　　次：2017 年 6 月第 1 版　　2019 年 1 月第 3 次印刷
定　　价：46.80 元

序　言

人生路上，每个人都会遇到困难和挫折，成功者与平凡人的根本区别在于不同的心态、意志。来自哈佛大学的一项研究表明，一个人之所以能够成功，85%取决于他积极的态度，而只有15%取决于他的智力水平。也许你在学历和才识方面稍逊他人，但是可以用正能量的态度来改变一切，赶超他人。

正能量是成功的起点，也是最重要的心理资源，它指的是一切予人向上和希望、促使人不断追求，让生活、工作变得圆满幸福的动力和感情。正能量的力量在于，即使遭受厄运，也能点燃希望的火炬。

当我们拼命努力的时候，拼的不过是：到了山穷水尽，还能继续坚持下去。创新工场董事长李开复说："如果你有自信，它会在无意之中释放出能量，推动你走向成功；如果你自卑或恐惧，它也会在无形中释放出能量，导致你走向失败。成功的人会因为体验到成功的快乐而更加自信；失败的人也会因为体验到失败的痛苦而更加自卑。"

是的，每个人都有自己的才能和潜质，每个人都有成功的机会，每个人也都能够通过"带着正能量去做事"这条途径走向成功。认真做事只是照章办事，用力做事只是苦干，只有带着正能量去做事，才能把事做对、做好、做到完美，带着正能量做事的人能把平凡的事做得不平凡，能够带来更多的正面情绪，促使人快乐，引爆自己的小宇宙。

其实，一个人的做事态度折射出他的人生态度，而人生态度决定一个人的做事状态，进而影响他一生的成就。一个心态非常好的人，无论从事什么工作，都能够在不平凡的岗位上做出非凡的业绩。每个人身上都是带有能量的，而只有发掘自己与生俱来的正能量去做事才能得到真正的智慧。

带着正能量去做事的力量是无穷的。正能量就是积极、乐观、阳光、向上，负能量则是消极、悲观、阴暗、没落。有这样一个故事：

有人问三个正在砌砖的工人："你们在做什么呢？"

第一个工人没好气地说："你没看见吗？我正在砌墙。"

第二个工人有气无力地说："我在赚钱养家，累死累活一个小时才能赚2美元。"

第三个工人哼着小调，欢快地说："我可以很自豪地告诉你，我正在建造这世界上最伟大的教堂！"

即使是再平凡卑微的工作，也有其存在的价值。如果我们每个人都能够树立正确、积极的工作态度，全身心地投入到工作中去，将其当作考验自我的平台。那么再艰难的工作也不在话下。

每个人都要走入社会，步入职场。面对纷繁复杂的社会环境，我们更需要秉持积极的态度，勇敢地去面对自己的工作，挑战极限。带着正能量做事正是要求我们做一个诚信的人、敬业的人、忠诚的人。只有这样才能把工作当作自己的事业，才能赢得他人的尊重和信赖。

如果说出身和学历是步入职场的门槛，那么积极的工作态度则是使你更加优秀的催化剂。你无法改变出身和学历，但是可以调整好心态和状态，带着正能量做事，成功掌握自己的命运。

很多事情我们无法选择，也无力回天，但是可以选择改变自我的态度。无论是在工作中，还是在生活中，常常会碰到各种各样的问题，如何让自己变得强大，克服这些问题相信每一个人都在寻找答案。所以，从今天起，改变自我的态度，激发人生正能量，做内心强大的自己，你会做得比任何人都更成功，活得比任何人都幸福。

身在职场，每个员工都应该以正能量的工作态度走好职业生涯中的每一步，只有这样你才会拥有与众不同的人生，实现自己的职业梦想。态度决定一切，良好的心理状态与工作态度是获得成功的前提。

本书针对企业员工的工作态度和价值观念建设与实践的需要，深刻地阐述了带着正能量做事对人的一生的重要性，教会员工用乐观积极的态度去面对工作，让员工在工作中充满正能量，并对读者怎样才能培养正确的人生正能量予以建议。

编者

2017年3月

目　录

第三章　高悬责任之心：不为失败找借口，只为成功找方法

第四章　焕发热情之心：伟大的理想因热忱工作而成真

第五章　锻造专注之心：工作可以枯燥，但心不能浮躁

第一章

树立自信之心：相信自己，你就是一道风景

这是一个需要打拼和竞争的时代，这是一个需要自信的时代。当你徘徊在工作场合，当你与他人同时站在同一起跑线上，你发现他人比你更容易、更快地到达终点，拥有升职加薪的筹码，更容易获得老板的青睐，究其根源在于他人拥有你没有的自信。

1．信念是一种无坚不摧的力量

一个从底层打拼到顶层的成功人士告诉我们，在通往成功的道路上并非一帆风顺，而他之所以能够战胜诸多困难，穿越重重障碍，最重要的原因之一在于拥有必胜的信念，敢于拼搏，敢于向未来致敬。

但是令大多数人感到无奈的是，很多初入职场的员工们，或者已在职场打拼多年却没有丝毫业绩的员工来说，并不能很好地体会到信念对于其成功的重要性。也许是由于胆怯，也许是由于能力的原因，他们不敢去面对职场中即将到来的各方面挑战，也不能用信念来抵挡所有的荆棘坎坷，这类人离成功的道路永远那么远。

王凯是普通高校毕业的一名应届毕业研究生，因其优秀的学业水平成绩和在校表现很快地被一个世界五百强企业录取，公司规定凡是要成为正式员工，必须经过为期三个月的考核。这对于王凯来说，既是机遇也是挑战。如果能顺利留下来，他就能成为一名五百强企业的员工，拥有比其同学更多的资历和工资。与此同时，这也是对其各方面能力的一次挑战，想要留下来并非易事，未来的困难还有很多。

起初，王凯以饱满的信心来面对每天日常生活中的琐事，自信地迎接每一天接踵而来的各种工作和挑战。他非常相信自己，不仅仅是自己的业务水平，还是自身解决问题的能力。这让他受到了分管领导的重视，也让其很快地融入了这个大集体。他也正是在每天的自我鼓励下，度过了第一个月的考核期。但是，一个月之后，他就进入了自己的瓶颈期。

一次，分管领导安排其和同组的考核员工做市场调研，进行数据分析和数据推理，整合出最佳的方案报告给领导。所有的事情本来就是顺理成章的事情，但是问题就出在这里。市场调研并不是王凯擅长的，而他恰恰被安排去做市场调研，而不是数据分析。当大家都满怀信心地去完成自己的工作时，他却苦恼不已，看着老板安排的任务无从下手。

慢慢地，他开始怀疑自己，怀疑自己的能力，按理说这样的事情不会也可以去请教其他人，毕竟以后工作中遇到的问题还会很多，但是他却觉得自己好像什么都不会，看到其他的同事在做调研，他也没有心情去加入他们的工作。就这样，时间在不断地浪费，他并没有花时间去解决遇到的问题，而是用来拖延时间和怀疑自己的能力，最后留在五百强企业的机会与其失之交臂。

按理来说，王凯的能力不错，假使能充满信念，不断努力，未来一定是职场的精英。但是，他却因此而错失了良机，一切都只能回到原点，从头再来。

林肯说过这样的一句话：喷泉的高度不会超过它的源头，一个人的事业也是这样，他的成就决不会超过自己的信念。罗曼·罗兰说过：“最可怕的敌人，就是没有坚强的信念。”信念，就好比冬天里的暖阳，是一种无坚不摧的力量，拥有信念就好比紧握成功的锦囊，成就自身伟大的梦想。

两个同样奔跑在人生道路上的人，拥有信念的人总会以一种更加轻松的方式度过，当他们很好地走完了人生的每一个阶段时，他们会给自己更好的奖赏、会更加自信。当他们遇到自己实在无法走过的坎坷时，他们会认为也许这是命运对其的考验，只要自己尽力就好了。而一个缺少信念的人则会将成功归功于碰运气，将失败当作自己不努力的借口。正是二者心理差异的不尽相同，才使得二人成功的指数不尽一样。

伟大的爱迪生一生失败了无数次，但是他却拥有足够的信念，最终发明了电灯，在人类史上创造了奇迹；马云创业之初也遇到了无数坎坷，但是他却拥有足够的信念，最终创造了国内最大的电商平台，并走向世界；伟大的祖国历史上遭受了无数屈辱，但正是因为信念，才使得祖国屹立不倒，成为世界舞台上不可缺少的力量。信念，不会让人停滞不前，反而会给我们力量，让我们内心充满热情，为自己的未来打拼。

那么，一名员工想胜任公司的工作，该如何才能在公司中拔得头筹，掌握成功的窍门呢？

A、B 、C三人分别进入一家公司实习，而最终能留下来的只有一个人。其中A员工大专毕业，B员工大学本科毕业，C员工研究生毕业，三人可以说各有千秋。为了考查三人，上司安排了一项任务，要求三人完成一份只有从业十年以上的人才能完成的工作。

三人接到任务后，反应表现出了明显的不同。A和C接到任务后，顿时慌了，觉得这根本不可能，从心底里畏惧并选择放弃完成任务；B接到任务后，不紧不慢，先对任务进行细化，划分为细小的任务，然后开始向公司的其他同事请教，通过实地走访，结果虽然没有完成，但是尽了自己最大的努力。

最后，上司告诉他们：“其实我考查的并不是你们任务完成的多好，而是你的态度。”要知道一个内心有信念，想留下来的人内心足够坚定，他们相信自己可以渡过难关，即使最后没有完成但是也尽力了。B员工得以留到这家公司，他足够自信，最后凭借自己的信念和拼劲不断努力，转正并成为公司的优秀员工。

所以，无论你初涉职场，还是你久经职场，都要坚持自己的信念，不要因为外部环境、工作难易程度而左右自己成功的信念。当你想要放弃的时候，不妨在心中默念你的信念，它会给予你能力和智慧，给你一片新的天地。

信念是一种无形的力量，更是一种坚不可摧的力量。拥有信念，就好比拥有成功的钥匙，让你用更顽强的心态去挑战生活和工作上的困难。

你与成功的距离并不遥远，你之所以没有成功不是因为你的能力、学历不够，而是因为你忽视了信念的力量。从今天开始，摒弃任何外界的干扰因素，坚持自己的信念，做职场的霸主！

2．大声说“我是最好的”

你有没有站在舞台中央，有没有面对广阔无垠的大海，有没有站在高耸入云的山峰，有没有大声地告诉自己：我是最好的！每个人都是自己命运的主人，每个人都应该有这样的勇气。无论美丑，无论贫富，你都该告诉自己“我是最优秀的”。

你没有那么多观众，你就是你，无论他人如何评价你，记得告诉自己你是最好的。每个人从出生到长大成人，我们都无法左右他人的评判标准，我们也无法左右他人的言语，但是我们可以左右自己的心态，我们要大声地告诉自己：我是最好的！这是一种奇妙的力量。

小丽从小是一个很自卑的女孩，觉得自己不受大家喜欢，为此老师、家长曾经用了很多办法来改变这种状态，但是都无济于事。突然有一天，一个偶然的机会改变了她的心态，也改变了她以后的人生态度。

一天，她到一个饰品店去逛，偶然在饰品店发现了一只漂亮的发夹，顿时她爱不释手，拿起来在镜子前照了好久。当她戴起来的时候，发现镜子里的自己是那么阳光自信，那么漂亮。这时，跟前的服务员说：“小姑娘，你戴上这个好漂亮呀！”小丽听了服务员的话，娇羞地低下了头。于是，兴奋地买下了发夹，高高兴兴地赶往学校了。

接着，令她感到奇怪的是，许多平日里不愿意和她说话的同学们纷纷开始和她说话，大家都主动约她出去玩，她不再像以前那样自卑，一下子变得开朗了很多。她心里想一定是带的发夹的缘故，心想我要再去饰品店多买几支。放学后，她兴奋地去那家饰品店，没想到去了饰品店，服务员告诉她：你刚刚把发夹丢了。这时，她才发现原来她头上根本没有发夹。

从饰品店出来的小丽这才明白，原来其实自己并没有多丑，都是心态在作祟罢了。她自己就是最好的，何必要与他人争夺呢？自此之后，她变得足够自信，变得足够阳光。在学校，她乐于助人，活泼开朗，拼搏上进，第二学年成为优秀学生；在家中，她也足够自信，帮助家长做一些力所能及的事情。父母和老师们看在眼里，真心为她的自信而欣慰。

一个人长得再漂亮，一个人再有能力和学识，没有自信，对自己的能力和学识持怀疑态度，那么他终究是一个一无所成的人。

于千万人之中，你仍旧独一无二，你就是最好的，也是最棒的自己。成功需要我们自己去打拼，需要我们内心的足够坚定，坚定地告诉自己不因失败而放弃，坚定地告诉自己挫折并不可怕，不因困难而逃避，为成功奠定基石。

你无须有先入为主的观念，无须与他人盲目攀比，你需要更多的是与自己赛跑，与过去的自己做对比，因为你是最好的自己。有了这样的信念和勇气，你便向成功迈出了一大步。为了你所期盼的职业梦想不断努力，这样你才能登上伟大的山峰，去享受旖旎风光。

双耳失聪的贝多芬，虽然丧失听力，但是他并未沉浸在失去听力的悲伤之中，也并不在乎外在的眼光，他不断地告诉自己是最棒的。他用嘴巴感受声音的震动，他用自身感知的音乐给世人带来了命运交响曲。在悲伤面前他扬起了自信的风帆，登上了成功的巅峰。

在职场的你会遇到很多人，遇到很多竞争对手，尔虞我诈的工作状态让你疲惫不堪，还要应付上司的指指点点。在职场中，你忍受着来自上司的压力、升职加薪的重担，如何于千万人之中脱颖而出，除了能力，还有心态。

甲、乙两人是同一小组的员工。为了竞选小组组长，双方开始了各方面能力的较量。从个人简历到业绩考核，从奖惩档案到人际关系，二人不相上下。但是，甲最后如愿以偿地成为小组组长，乙却未能如愿。

究其根源在于甲足够自信，无论是从学历也好，还是在公司的资历也好，他都不管这些，都能脚踏实地地愿意承担新的工作任务。而乙却不行，她一方面害怕自己的学历配不上小组组长的工作，另一方面也害怕他人瞧不起她，对她指指点点，觉得她胜任不了。

从根本上讲，乙是在否定自身的能力，而甲却拥有足够的自信，告诉自己就是最优秀的，一定能胜任这份工作。自信程度与否，两人的结果当然不尽相同。倘若乙能够自信，定会有不错的业绩，成为职场闪亮的一颗星。

当我们逐渐失去追逐梦想的勇气，开始怀疑自己不能完成老板的任务，觉得自己比不上他人的时候，要学着从内心深处改变自己，从心底里大声地告诉自己：我是最好的，我是最优秀的！在这个世界上，没有人比你更了解你自己。不要去畏惧远方的道路，不去害怕他人的闲言碎语，你就是你，一个最棒的自己！

任何事情都不是绝对的，都有其发生的可能性。在任何情况下，你都要记得你是最好的自己，一定要发挥自己的优势，让自己更加自信、从容地面对未来的一切。如果你连这点信念和勇气都没有，那么成功的大门永远遥不可及。

大声地告诉自己：我是最好的！他人怎样评价自己没有关系，职场如战场，无论何时，都要记得展现自己的优势，奋力一搏。

从今天起，大声地告诉自己：我是最好的！

3．在团队中，你并不比别人差

“我行吗？我是不是比别人差？”你有没有过这样的怀疑和猜忌，觉得自己不如他人，害怕因为自己的失误和能力不足，影响集体的荣辱和团队的进展。其实，这是你缺乏自信的一种表现，这样的情况不会使你进步，反而会使你落入自卑的漩涡，得不到任何发展。

身处于大集体中，每个人都直接或间接地与他人发生关系，而团队合作最注重的就是精诚合作，团结一致攻克难关。也许任务本身很困难，但是只要每个人充满自信，发挥自己的最大优势就能取得不错的成绩。就单个的个体而言，每个人都应该凭借自己的优势为团队做出自己的贡献。在团队中，你并不比别人差。

小强就是一个从小自卑的男生，每次做什么事情他都不够自信，他都怀疑自己的能力。考试的时候，本来能考班级前十的他，却因为不够自信，每每失误，最后只能考班级前二十。他是一个很有想法、很有口才的男生，班级想推选他参加年级辩论赛，他却因为不够自信，害怕给班级丢脸，而丢失了该有的机遇。

一次，学校举行运动会，大家踊跃报名。其中有一项接力赛需要集体合作完成，鉴于其他同学都报名参加了其他的运动项目，老师就邀请他参加。但是，小强却告诉老师：“老师，我不行，我这么胖，又跑不快，如果让我参加肯定会给咱班拉后腿的，您还是找其他同学吧！”

老师听了小强的话之后，告诉他："我们大家是一个集体，你也是集体的一份子，无所谓拉后腿不拉后腿的。每个参加团队合作的人，都是一样的，都不比别人差，你只要尽力就好了。老师相信你会获得最好的突破的。"小强听了老师的话，明白了用意，便以饱满的热情参加了运动会。以后的生活中，他慢慢地改变自己，渐渐地变得自信起来了。

众人拾柴火焰高，每个人都是团队合作中不可或缺的力量。置身于这个大集体中，每个人都是平等的存在，每个人都有自己的优势和弱势。既然是团队合作，那么每个人都应该发挥自己的力量，因此每个人都是平等的，并没有所谓的优劣之分。所以，关键的问题在于你要足够的自信，要从心底里告诉自己你就是优秀的，你并不比任何人差。

你才是自我命运的主宰，没有任何人能够决定你人生的方向和命运。在团队合作中，也许你们面对的是很简单的事情，也许你们面对的是难度极高的任务和挑战，但是不管任何任务，你都要学会自信地面对，为自己的团队贡献一份力量。其实这本身来说对你也是一种挑战，是一种关乎自信的较量。

在职场中，你与公司的命运就捆绑在了一起。公司的兴盛是每一个员工共同努力的结果，公司面临困难就需要我们共同努力面对。所以，每一个人都有其工作的价值，并不需要你觉得你只是一个小小的员工，就觉得自己没有什么功劳。只要你足够自信，勇敢面对，你就能够尽自己最大的能力为团队贡献力量。

某公司遭遇债务危机，原本昌盛的公司一下子进入了公司创建历史上最为困难的时期。公司董事长寻求各种办法解决问题，本来打算进行大规模的裁员，以减轻公司的负担。但是，一次偶然的机会改变了他的看法。

一天，他早早来到公司，路过大堂时发现前台的一位员工早早就到了。以前他从来都没有注意到过这些，心想怎么会有这么努力勤恳的员工呢？于是，他走到前台，跟这位员工交流起来。董事长问他："你怎么这么早就来上班呢？再说，公司都准备裁员了，你怎么还要这么早来，按时到就可以了呀！”

这位员工告诉董事长：“虽然我只是一个小小的前台，但是并不能说明我并没有什么作用。也许在大家看来，前台并没有什么，但是公司没有了前台，谁去指导拜访客人呢？我的任务量虽小，但却要求精细。现在公司遭遇了危机，每个人都觉得自己不会在这里待太长时间了，都觉得很有负担，但是我想给他们带来阳光自信。我要用自己的笑容告诉他们，不管职位高低、能力大小，大家都一样的，如果每个人都能自信地面对挫折和困难，发挥自己的优势，相信公司一定会转危为安。”

听了前台的话之后，董事长瞬间改变了想法。上班后，他立马召集各部门领导，召开员工集体会议，告诉每个员工不会裁员。他希望每个员工都足够自信地面对困难，相信自己，贡献自己的力量。员工听后，振奋人心，一起努力，一年之后，公司度过了债务危机。而那位不起眼的前台也得到老板的重视，晋升为部门主管。

对自己保持自信，相信自己是最棒的。在团队工作中，特别是当团队面临重大困难和挑战时，每个人都有自己的优势，每个人都应该有足够的自信。团队合作不会因为你的能力不足而抛弃你，相反它会给你足够的勇气让你来面对未来的挑战，挑战自我，走出新高度。

你在工作中会遇到很多人、很多事，有些事情需要小组或者全体员工的共同努力。只有每个人自信满满，精诚合作，才能竭尽全能发挥自己的最大优势，为公司创造最佳的效益。

你无需跟步入职场好多年的精英做对比，你无需怀疑自己经验不足，在公司中，你们是一个集体，集体合作看重的是最终的成果。你需要足够自信从容，足够大胆地开拓自己的职场新天地。你的职场你主宰，你就是你，在团队合作中你不比任何人差。

4．给自己设立明确的工作目标

伟大的剧作家莎士比亚在其著作《尤里斯·恺撒》中写过这样的一句话：人生如同在大海里航行，只有目标明确才能到达幸福的彼岸。没有方向，船儿就要颠覆搁浅。其意在强调目标的重要性。

凡成大事者，首先要树立自己的志向。所谓有志者，事竟成。确立自己人生奋斗的目标和方向，是任何人走向成功必不可少的步骤。你也许梦想成为一名优秀的业务员、或者一名优秀的销售人员、或者一名优秀的营销经理、或是一名企业总经理，你的目标会直接决定你的职业生涯和前途。

所谓目标，是指你内心所期盼完成或达到的理想，只有你最清楚你想要什么样的生活，你想成为什么样子。人有了目标，就好比在大海里航行的船有了方向，只有目标明确才能划破天际，拥有美好的人生。

李娜是一位在北京工作的一位白领，身在银行工作的她，每天过着看似自由自在的生活。工作十余年，曾经很坦言地告诉自己的同事，自己从来没有为自己制订过明确的人生目标和方向。她算是非常幸运的一个人，工资不少，还可以蹭着公家的车。这种生活对其而言，可以说是知足的，因为本身对于自己的工作期望值不高，所以她很享受现在的生活。

但是，在读过关于《目标就是一切》之后，她才对于自己的未来和人生有了重新的定义。在北京这个闯事业的地方，人人都想买一套地段极好的房子，不用每个月为了遥不可及的房价而发愁。其实，对于李娜而言，她完全可以买一套房子，然后从银行柜员做到业务经理，享受更好的生活。但是，之所以打拼十多年却没有任何改变的她，是因为她没有为自己订立明确的工作目标。

在李娜看来，能在北京站住脚跟，衣食无忧，每年有不少的存款，是一件很享受的事情。但是事实上，她可以过得更好。人在职场，你不努力，就只能等待他人赶超你了。每个在职场打拼的人，都应该为自己订立明确的工作目标，否则十年、二十年的时间会逐渐泯灭你的工作热情，让你对事业的激情逐渐降低。你只会习惯性地进行每天的工作，从而厌倦自己的生活和工作。

如果你尝试分析一下那些事业有成的成功人士，会发现他们身上都有一个共同的特点。比尔·盖茨、马云等人他们都有人生的明确目标和规划。为了完成他们的人生目标，他们会坚持自己的人生方向，积极努力地为自己的目标而打拼。他们足够自信，每天都有饱满的热情，面对挫折他们也不放弃，坚定地往前，最终赢得了璀璨的人生。因此，一个人如果想成功，想获得更好的生活，就必须给自己订立明确的目标。

在人才辈出的哈佛商学院曾经对众多青年人士进行了一次有关人生目标的调查。调查结果显示，其中3%的人目标明确，25年后他们成为了各行各业的精英；10%的人目标清晰但皆为短期目标，最后他们成为了各行业的中产阶级；60%的人目标不清晰，最后事业平平，其中27%的人生活于社会底层，过上了穷困潦倒的生活。

可见，明确的目标对于我们的人生有非常重大的作用。每个人都是一个从底层开始打拼的职场新人，该如何订立自己人生的目标，成为职场精英呢？下面几点是订立目标所不可或缺的几个要素。

（1）目标具体化。你要达成什么样的工作目标，将自己的目标具体化。诸如你是一名销售，那么你的目标就应该是达到某个具体数字的销量。

（2）目标的期限。你要什么时候完成自己的目标。比如你几个月后你的销售业绩要达到多少，五年后你要成为业务骨干等。

（3）订立此目标的原因。知道原因是为了让你明确地定义你为什么要这样做，因为这样的理由你才能确认你的目标是正确的。

（4）促成你实现该目标的关键人物。有时候，一个人并不能独立地完成所有的事情，那就需要团队合作。有时候，目标的实现需要你依靠团队合作和共同努力，切勿一意孤行。

（5）促成实现该目标的方式和方法。你需要如何去做，你需要每天完成什么样的具体任务，这些都是你必须清楚的东西。

无论是什么目标，你都必须清楚，模糊的目标对于你而言，实现是遥不可及的。工作目标，一定要明确化、具体化。诸如：4个月赚10万元是你的目标，但是你每个月的目标是多少？第1个月1万元，第2个月2万元，第3个月3万元，第4个月3万元。目标具体化，才能体现目标的导向作用。

有了目标之后，你就要去付诸行动了。你必须下定决心，满怀热情，绝不安于现状或半途而废。你实现目标的决心越大，实现目标的可能性也就越大。你要记住，工作越努力，你离既定目标的距离就会越近。成功之路并非一帆风顺，一定要坚定自己的目标，投身工作中，做职场的主人。

与此同时，你也要学会不断地反思自己，每个阶段之后，都要对自己是否实现目标进行反思，在反思中逐步调整自己的心态，不断地为目标而奋斗。只有这样，你才能过上自己想过的生活。

面对自己的职场，我们理所当然地应该去追逐自己的梦想，但是一定要将工作的目标明确化。带着明确的目标去工作，你才能不厌倦自己的工作，在工作中，充满热情，大放异彩，展现自己的魅力人生。

5. 努力培养自信的性格

雄鹰之所以能翱翔蓝天，做天空的主宰，是因为它有不断进取的信心和勇气；浪花之所以能够拍击礁石，勇往直前，是因为它有战胜困难的自信；成功者之所以能够获得成功，在职场步步高升，是因为他自信地迎接每一天的挑战，自信地面对每一天的困难。自信是成功的第一秘诀，每个员工都应该努力培养自信的性格。

古往今来，古今中外，自信一直都在发挥它的积极作用，帮助人们战胜困难和挫折。海伦·凯勒在没有声音、没有言语的世界里，凭借着顽强的毅力和坚定的自信考入哈佛大学，将自己的成就和精神推向了人生的巅峰；张海迪幼年时因病高位截瘫，失去双腿的她并未因此而放弃，在不能行走的世界里，她自信努力，凭借着过人的勇气和自信，成为一名知名的作家和翻译家。他们的人生因自信而变得如此美丽多娇。

无论你是即将走向社会工作的一名大学毕业生，还是一名初入职场的新秀，抑或者是一名混迹职场多年的职场老手；无论你面对什么样的工作环境，顺境也好，逆境也罢，都应该努力培养自己自信的品格，让自信成为自己性格中不可或缺的一部分。

当然不可否认的是，性格的形成与一个人的成长环境有着极大的关系。性格并非一成不变，在努力的过程中要有意识地学会改正，慢慢地你才能培养自身自信的性格。

在工作中，每个人都需要自我鼓励以及同事的鼓励，这样在一定条件下你才能逐渐培养自信的性格。大家的起跑线都一样，每个人都没有理由不自信，我们要相信自己会逐渐成为自己想成为的样子。我们也允许自己有失败，但是我们会凭借坚毅、果敢、自信的性格成就自己的职业梦想。

李强是一位创业青年，大学主修医药专业。毕业之后，找不到工作的他，与大学几个关系较好的朋友创办了一家小型的医药公司。创业之初，公司员工没有几个，他与其他几个朋友进行市场调研，走访各地，最终在李强的老家镇上创办了一家药品公司。李强是个很自信的人，创办之初，克服种种困难，无论是联系进药公司还是市场调研，他都能一马当先，发挥自信的作用，仅用了一年多的时间就打开了集镇的药品批发市场。

第二年药品市场不景气，公司出现了亏损，其他几位合伙人有想放弃的想法，但在李强的自信和鼓励下，几经努力使得公司下半年扭亏为盈，并超过了第一年的销售额。接下来的第三年和第四年，在李强的不断鼓舞下，公司销售保持了持续的高增长速度。当公司发展越来越好的时候，没想到房东突然提出终止租赁合同，这让公司遭遇了有史以来的大危机。但是，经历过大风大浪的李强和其他合伙人都没有放弃，在共同的努力和打拼下，互相鼓舞，最终度过了危机，并将业务不断扩大，书写了自己的创业史。

从上面的案例可以看出，李强用自己的自信感染了其他人，无论是创业初还是瓶颈期，都注重培养员工和其他合伙人自信、果敢、坚毅的性格，最终创造了傲人的业绩。

职场中的你一定要记得培养自我自信的性格，一个自信的员工具有相信自我的能力、承受压力的能力、面对各种意外的应变能力、提升自我的能力。这种自我相信的能力并不是你自负的一种表现，而是告诉自己自我足够理智，对自我职业的上升前景有足够的策略，对职业中的坎坷荆棘也有足够面对的勇气。

但是，必须指出的是，在培养自信性格的时候一定要注意以下几个问题，否则就会走向偏差。

误区一：自信不是盲目地自信，一定要建立在实际情况的基础之上，更不是自负。在培养自身自信性格之前，首先要对自我能力和水平进行针对性的测试，看看自己的能力和水平究竟在哪里，切勿好高骛远，也勿低估自身的能力。

误区二：自信性格的培养非一日之功，一定要坚持。任何性格的培养都非一蹴而就，没有长时间的培养是不可能成功的，所以你需要脚踏实地，一步一步地走下去，切勿半途而废。

误区三：只有自信是不行的，你还必须不断努力，超越自己，获得成功。除了自信，你必须坚毅果敢，放手一搏，拼搏向上，为自己奋斗出一片美好的蓝天。

性格是一个人成长和成功的关键，在事业中打拼奋斗的你更是要努力培养自己自信的性格。也许你初出茅庐，也许你久经沙场，但所有这些都不能使得你放弃性格中的自信。你的人生因自信而更加美好，你的工作因自信而变得如此多彩。

还在职场中打拼的你也许迷茫，也许徘徊，这时不妨停下脚步，重新审视自己的性格，看看你的性格中是否缺少自信。如果少了自信，那就赶快培养自信的性格吧！当你有了自信，你会发现你的工作因自信而与众不同。

6．别在工作中变得不堪一击

步入工作，你会遇到各种各样的问题，比如上司的责难、生活中的各种不顺，都会影响你在工作中的态度。但是，无论做什么事情，你都要相信自己，千万不要因为他人的一句话，工作中的小小挫折，挫败你的自信心，让你在工作中变得不堪一击。

一位总经理描述自己理想的员工时，最看重的是员工处理挫折、面对失败的态度和能力。在其看来，出现失误、有了困难并不可怕，重要的是你如何面对失误和困难。如果因为一点点小小的失误就变得不堪一击，那这个员工的发展及公司的前景堪忧。

每个人都要学会拿定自己的主意，勇敢地追逐自身的梦想。一生中，你遇到什么人、遇到什么事情，都会成为你一生的财富。他人说什么又何妨，困难阻力又何妨，你就是你，一个自信的你、一个勇敢追梦的人。

蒙提·罗伯兹是一位农场主，拥有一个大的牧场。但是，他有一个匪夷所思的习惯，经常租用他人的住宅举办募款活动，以帮助那些有梦想的青少年。众人都感到难以理解，觉得他本就可以过上安逸的生活，为何要东奔西走，为那些不认识的青少年募集善款。有一次，在一次募捐活动上，他解答了众人的疑问。

他给到场的嘉宾讲了一个故事。从前有一个小男孩，由于其父亲马术师职业的缘故，他从小跟着父亲东奔西跑，求学过程甚是艰辛，成绩也不太理想。初中时，班主任老师让全班同学写一份有关《长大后的志愿》的报告。小男孩苦思冥想一个晚上，用心地写了一份长达七页的报告。在报告中，他说他长大后，最想拥有一座属于自己的牧马农场，并在报告的结尾绘画出了心中农场的样子。

第二天，他满心欢喜地交给了老师，原本以为会受到褒奖的他却得到了老师的严厉批评。在其报告的首页，赫然地写着个大大的F。小男孩充满疑问，拿着报告去找老师。没想到，等待他的却是满满的批评。老师告诉他："你这个年龄段的孩子就爱做白日梦。现在的你一无所有，你拿什么来实现你的梦想。农场对于你而言，简直就是天方夜谭。你回去好好思考一下，重新写一下你的志愿，我会重新思量给你一个好的分数。"

回到家后，小男孩碾转反侧，思量好久后，又征询了父亲的意见。父亲并没有着急地告诉儿子答案，而是告诉自己的儿子："这是你的梦想，你必须自己做决定。"听了父亲的回答之后，他下定决心要为自己的梦想买单。几天之后，他原稿交回。交给老师报告的当天，他告诉老师："即使我的分数还是F，但是我也不愿放弃自己的梦想。现在的我的确一无所有，但是并不代表未来。我会一直努力直到实现。"

多年后，小男孩实现了自己的梦想，拥有了200亩农场、4000平方英尺的豪华住宅。他并未为他人的一句话而不堪一击，反而努力追梦，终成大业。故事讲完了，大家都知道了事情的原委，原来这个人就是今天的蒙提。在场的嘉宾纷纷为他的自信和坚持赞不绝口。

自信是战胜他人和自己的法宝。他人向你泼冷水，你遇到什么问题，要学会战胜自己，抛开所谓的一切，有勇气和信心地去承担、去改变，这样你才能成为一名优秀的员工。

别在工作中因为他人对你的诋毁而变得不堪一击。一个人自身的能力只有自己清楚，他人再怎么评价你都是别人的事情。你要记得走自己的路，让别人去说吧。放下所谓的流言蜚语，给自己加油鼓劲！

别在工作中因为家庭生活的琐事而变得不堪一击。人有悲欢离合，月有阴晴圆缺。无论你生活中遇到什么问题，该过去的终会过去，时间会帮助你解决一切。你需要安心工作，打拼自己的事业。

别在工作中因为小小的失败而变得不堪一击。你会遇到各种问题瓶颈、各种困难。你要学会足够自信，相信自己的能力可以帮助你解决问题。有的时候我们害怕的不是问题本身，而是自己，学会战胜自己，才能战胜挫折和失败。

每个人都是自己的主宰和中心，每个人都有自己的优势和不足，何必因为小小的过错而如此不堪一击呢?

所谓工作，从根本上讲是自身能力与自信的一场较量。一个足够自信的人，能够妥善处理遇到的各种问题，不因失败而颓废，不因他人的诋毁而变得软弱。对于他们而言，战胜自我更重要。

身在职场的你还在等什么呢？学会自信地处理问题，别因为小事不堪一击。自信追梦，在职场中实现自己的人生梦想，规划未来，努力拼搏!

7．有恒心去完成那些看似无望的事

冰冻三尺，水滴石穿，成功贵在坚持，源自恒心。人生的旅途本非一帆风顺，若非坚持，怎能到达了成功的彼岸。贝多芬曾经说过："涓滴之水终可以磨损大石，不是由于其力量强大，而是由于其昼夜不舍的滴坠。"而也正是因为贝多芬的恒心和坚持，才拥有了如此大的成就，造就光辉。

通往成功的道路并非一直平坦，人生因为曲折才更加精彩。面对潮起潮落、曲曲折折，唯有勇往直前，持之以恒。每个人都应该秉持一颗坚定的心去完成一些看似无望的事情。

一个人只有持之以恒、努力奋斗才有可能抵达沙漠的尽头。你需要坚信自己的梦想和抉择，坚持自己选择的路，就算流泪流汗也不能放弃。也许路途的曲折艰难非你所想的那么容易，也许你走到一半会怀疑自身的坚持，但是这都没有关系，你只有更加坚定才能战胜困难和挫折，才能享受胜利的喜悦。假使你半途而废，你原来的努力会全部作废，你又怎样才能希冀自己有好的成就。因此，必须持之以恒，相信自己，坚信坚持的力量，才能打败途中的洪水猛兽。

2011年感动中国十大人物之一的朱光亚便用他的一生诠释了坚持的力量。新中国成立后，身在美国留学的朱光亚满腔热血回到祖国。20世纪50

年代初，国家任命其为中国核武器研制的技术创造人。当时的中国科技发展落后，制造核武器更是难上加难。但是，正是在朱光亚的坚持下，他带领了一批中国先进知识分子投身到原子弹、氢弹等问题的研究工作中。在他们探索的道路上，有过怀疑、有过挫折，但是朱光亚并没有放弃，全身心地投入到中国核科学技术事业的发展中。

直到1964年一朵黄褐色的蘑菇云在西北戈壁腾空而起，他的坚持震惊了全世界。原子弹爆炸的那一刻，朱光亚潸然泪下。1969年，在其领导下，中国又成功地进行了第一次核试验。

1999年，国庆50周年之际，朱光亚与其他22名科学家被一同授予“两弹一星”功勋奖章。2011年，朱光亚当选感动中国十大人物。感动中国人物组委会给予他的颁奖词是：“他一生就做了一件事，但却是新中国血脉中，激烈奔涌的最雄壮力量。细推物理即是乐，不用浮名绊此生。遥远苍穹，他是最亮的星。”正是朱光亚的坚持和持之以恒，成就了中国历史上亮丽的一笔。

持之以恒是成功路上必不可少的一种品质。它不仅仅可以使人们在面临绝望的时候重新振作，还能唤醒其心中的梦想，为之不懈努力奋斗，最终品尝胜利的美好。

要知道，多少次的失败是由于缺乏恒心而引起的，多少次的唉声叹气和无奈因为缺乏恒心而葬送了原本属于自己的成功和幸福。当我们快要放弃的时候，不妨坚持一下，也许一点点坚持会让你拥有不一样的人生。

你羡慕他人的成功，却不知他们比你多了一点点坚持，坚持自己的梦想，有恒心去完成看似无望的事情。多少名人志士创业之初历经磨难，受到他人的猜忌和怀疑，但是他们从不放弃，怀着必胜的信心，最后成就了自己的梦想。人生本身是一样的，但是却因为永不泯灭的恒心而与众不同。

李爽是一名即将毕业的大学生。在这个就业压力非常大的时代，对于一个只有大专毕业的她而言，想要找到一份不错的工作是非常难的。主修管理的她，也未得偿所愿，只能在一个公司从事文秘工作。但是，她却不甘心过这样的生活。她在她的博文中曾经写道：“有一天，我要成为人事部门经理。”

这样的梦想对于其而言是困难的，学历带来的硬伤，以及众人的猜忌和嘲笑都让其感到迷茫。但是，李爽立志要改变自己的命运。为此，她报了夜校，利用工作的时间努力拓展自己的能力。她相信自己只要坚持，一定可以做到，只是时间的问题。一年不行，五年；五年不行，十年。没想到，十年之后的她终于如常所愿，她如愿做到了经理的位置。她用行动向那些原来嘲笑她的人证明了坚持的力量。

恒心可以改变一切，坚持到底就是胜利。当你要放弃的时候，不妨再坚持一下，终有一天你会守得云开见月明。梦想是用来捍卫和努力的，现在的你要更加努力地去捍卫自己的梦想，打造属于自己的成功。

每个人都是一样的，在人生的旅途中，成功远远属于那些坚持到底的人。也许你会迷茫，也许你会流泪，但是这些都是值得的。你无须质疑他人的眼光，更无须怀疑自己，你要努力改变，相信自己，坚持不懈，创造属于自己的奇迹。

有恒心去坚持做无望的事情，有恒心去努力、去改变，做一个优秀的人，做一个有梦想的人。

第二章

永葆上进之心：时刻把工作当成自己的事业

一个人锐意进取，全力以赴，更加积极主动地去工作，也可以成为自己的明星。那些成功的人，几乎都是积极进取的人，他们时刻把工作当成自己的事业。他们积极乐观、认真拼搏、主动工作，成为工作的主人而并非奴隶。

1．不要仅仅为了薪水工作

也许在很多人看来，工作为了赚钱本就是件无可厚非的事情。为了赚钱养家，享受更好的物质生活，为了能在咖啡厅里安静地享受一份属于自己的安逸和宁静。当然，追求物质生活本就不可过分指责。但是，假使我们看看那些世界顶尖级的富豪，如果工作的目的就是为了薪水、为了赚钱，那么为什么他们还要努力工作呢?

有位知名企业家曾经告诉自己的员工："工作为了薪水只是工作的一部分，除此之外，你应该还有梦想和期盼，诸如你的职业上升空间、个人潜能的发挥和凸显。如果你单纯地只是为了薪水，一辈子纠缠在工资上，那么你的职业生涯不会走得太远。一个人要想有大的发展前景，除了薪资，还要有其他的动力。"

萨默·雷石东（Sumner M.Redstone），是世界最大的传媒集团之一维亚康姆公司的创始人、董事长兼首席执行官，也是当今世界传媒业最富有、最成功的创业者之一。他建立了一个全球性的媒体帝国，从出版社到电影制作到电影院线与影像出租；从儿童频道到青少年最爱的MTV音乐电视网；从有线电视台、广播电台到户外媒体与主题公园。雷石东在娱乐业及传播业内成绩卓著，他曾经担任美国影业联合会董事会主席，同时他还是美国电视基金会和电视广播博物馆理事会的成员。

身价上亿的他，有一句非常朴实的名言，即我的生活通过工作得到无穷的乐趣。有过挫折，遭遇过瓶颈，他都没有放弃。他曾经说过："钱从来都不是我工作的动力。也许你想问那么你为什么而工作呢？我的动力源自于内心的热爱，我喜欢我所从事的行业，喜欢我的公司。我有一个梦想，要让我的生活变得更有意义。为此，我会努力实现，不放弃。"也正是因此，他度过了艰难期，成为娱乐行业的霸主。

如果一个人总是为了一个月能拿到多少工资而烦恼，那么他又怎能看到自己在职场的发展机会呢？人的目标眼光应该长远点，在工作中得到工资的同时，从工作中学习新的技能和经验，提升自己的能力。学会看远一点，而不是眼前的利益。慢慢地，你在职场待的时间越久，你会发现你本身所希冀的东西自然而然地属于你了。

从现实利益来看，老板不会选择一位只为了薪水而工作的人。因为在老板看来，这样的员工上升空间不大，只是为了谋取自己的利益，而不会考虑集体的利益。这类员工在职场中只能碌碌无为，而丢失了自己原本就应该有的创造力和才能。

那么作为一名员工，你应该如何看待呢？你应该有这样的一个意识，老板是不会亏待任何一个努力的员工的。你所得到的和拥有的是与你的付出成正比的。你得到了工资，同时也收获到了真正的经验，提升了自己的能力和才华，同时也得到了领导和同事的赞许和认可。与薪资相比，这些则显得尤为重要。

小王在大学毕业后进入一家广告公司从事财务工作，老板给出的条件是，如果干得好的话，半年之后工资翻倍。老板给了如此高的条件，初到公司的他干劲十足，比起公司的老员工干的还要多。但是，小王并不是一个知足的人。两个月后，他自认为自己的水平已经超过了公司的老员工，完全可以现在拥有高工资，不用等到半年之后再加工资。

有了这样的想法后，他变得十分焦躁，不再像以前那样干劲十足，做事马马虎虎。有一次，单位月底结算，需要财务部门赶制财务报表，要求全体人员加班。这令小王没有耐心，他就随便唠叨了一句，“认为自己没有义务要加班。加班是要有加班费的，况且白天我已经把该做的事情做完了。”

没想到，这句话被自己的顶头上司听到了。一晃半年过去了，小王就在抱怨中度过了。时间过得很快，但是，老板丝毫没有给他提加工资的事情。这让小王更加郁闷，一气之下离开了公司。

有一天，他在投递简历时，遇到同小组的同事。同事很是惊讶，也告知了他以前的事情。同事告诉他：“你那时就是太焦躁，太过为了薪水而工作了。其实，老板非常赏识你的业务能力。本打算在第三个月给你加工资，并在半年后提升你的职位。但是后来你的表现令大家大失所望。现在，你后悔也来不及了。”小王听了顿时懊恼不已，只能从头开始。

如果小王不是为了薪水而工作，那么他收获的不应该只是翻倍的薪资，还有更加的人生前景。的确，每个人都为了工作而工作，但是如果想要有更好的发展，就要学会追求，诸如梦想，诸如热爱。因为梦想而工作，因为热爱而工作。你的工作就会成为你生命中不可或缺的一部分。

工作已然占据了我们生命的大部分时光。薪水是我们工作能力的一种反映和回报。如果一个人只为了薪资而工作，就好比只为了吃饭而吃饭，而享受不了美味佳肴，就失去了工作的意义和价值。

一个优秀的员工不会只为薪资而工作，他们懂得只为了薪资会让自己失去很多。他们有积极的工作态度，努力做好自己的本职工作，追求自己的职业梦想。身处职场，他们能够放远自己的眼光，着眼于长远利益和集体利益，为公司谋福利的同时，也实现了自己的价值。

从今天起，不为工资而工作，将工作当成你的乐趣，激发自己的工作潜能和积极性，创造属于自己的职业生涯和梦想。

2．工作态度比工作能力更重要

三百六十行，行行出状元。每份工作和职业都有其存在的价值。无论你是一名最底层的员工，还是一名公司高管；无论你从事的工作有多么琐碎，记得秉持认真、积极的态度。有时候，态度比能力更重要。你如何看待工作，工作也会给你以同样的回馈。

也许你认为清洁工是份很肮脏的工作，也许你认为建筑工人是个很辛苦的职业，你认为这份工作没有含金量，不能体现你的价值。但是，单纯地因此而轻视这一份工作恰巧是错误的。工作无所谓光彩不光彩，只要它是有用的，那就值得你去做。清洁工确实不是一件高雅的工作，但是没有清洁工，你怎能看到干净的街道。所以，请不要用轻视的眼光去看待任何一份工作。

刘熙是一位211院校毕业的师范生，毕业之后被分配到了一个偏远山区任教。初到山区的他感到非常无奈，破旧的教室，几十个学生，让其失去了任教的志向和愿望。她感到没落和彷徨，觉得一辈子就要待在这个破旧的学校了。为此，她托人找关系，投递简历，希望能回到省区，找一份理想的工作。但是，令她更加失望的是，无论她的简历再优秀，她的求职书如何漂亮，却没有一家单位接受她的简历。

为此，刘熙回到省区，找到了一个投递简历的学校。咨询了人事部门之后，她才明白了她之所以不被用人单位接纳的原因。所有的用人单位都不愿意去接纳一个连自己本职工作都做不好的人，就算你工作能力再强，但是你的工作态度存在很大的问题。有了这样的反馈之后，她告诉自己，从今往后一定要认真努力地工作，她相信在山区也可以有大的成就。

回到山区后，她立足于该地的教学实际，调整好自己的心态，认认真真、勤勤勉勉地工作。日复一日，年复一年，她不断改变，超越自我，真正地融入了教学生活。十年之后，她已不再是当初那个青春懵懂的大学毕业生，教学能力也不断提升。她的每一届学生都以优秀的成绩毕业，教学论文在权威期刊得以发表。

在她人生最为辉煌的时候，很多的学校、教育机构向其发来了邀请函。当地的电视台和报纸也纷纷报道了她的优秀事迹，高度赞扬了她的工作态度和教学水平。连续多年她被评为优秀教师，在平凡的岗位上书写了她美丽而不平凡的人生。

你在工作中所秉持的态度，使得你与你周围的同事区分开来。一个努力、积极工作的人，时间久了会让你的职业上升空间更大。干一行，爱一行在什么时候都不会过时。日出日落，朝朝暮暮，同样的工作，却因为态度的不同而有所不同。也许你一辈子都可能在平凡中度过，但却因为态度的不同而变得光鲜亮丽。

每个人都有不同的职业生涯和前景，有的人拼搏几年就成为公司的顶梁柱，得到老板的器重和赏识；有的人从业十多年却无所事事，仍旧在公司的最底层；有些人总是嫉妒他人的职业和前景，而不从自身寻求问题。其实，除了少数智商极高的人，大家都是平平凡凡的普通人。而一个人成就多少，从一定层面上来讲是态度的问题。

一位资深HR在对员工进行业绩考核时，不仅要看一个员工的工作能力和业绩，还要看一个人的工作态度。在他看来，能力决定了一个人是否能胜任这份工作，而态度则决定了一个人的职业前景。

那对于一名员工来讲，在工作中应该秉持什么样的态度呢？

（1）热爱。如果对你的工作都失去了热忱，那又怎样期待工作带给你的回报呢？如果你非常热爱你的工作，那么你每天就会带着愉快的心情去上班工作，工作对于你而言就是你生活的全部，像是享受美味佳肴；如果你非常讨厌你的工作，那么你每天都会厌倦你的工作，工作对于你而言就像是地狱，你每天生活在地狱之中，又怎样希冀自己有大的改变呢？

（2）积极、认真。也许你是最不起眼的前台，也许你是一个小小的出纳，无论什么工作，记得积极认真地去工作，不要轻视任何一份工作。如果你每每都敷衍了事，那工作本身就难以完成，自己的业绩上不去，也会给团队造成不可估量的损失。要想成为一名优秀的员工，就要学会积极认真地看待，迎接工作带来的每一次挑战。

（3）努力对待，赶超自我。你需要秉持自信的态度，努力地做好自己的本职工作，不好高骛远，脚踏实地，也要相信在平凡的岗位上做出不平凡的业绩。努力不一定有收获，但是不努力一定不会有收获。努力对待工作中的成功与失败，不骄不躁，在工作中彰显能力，超越自我，提升经验。

也许现在的你还在迷茫，因为能力不强、经验不足而丢失了目标，失去了工作的动力。那么从现在开始，热爱自己的工作，积极认真地对待每一份工作。努力地去做好自己的工作，转变了态度，你才能提升自己的能力。记住：态度与能力并行，有了好态度才能提升能力。

一位哲学家认为，人生所有的能力都必须排在态度之后。可见，态度是一个人的内在驱动力。对一个公司来说，员工良好的工作态度是公司顺利发展的保证。如果所有员工都能树立正确的工作态度，并全身心地投入到工作中去，那么企业将会一往无前。

3．比老板更积极、更主动

你羡慕坐在高端写字楼里的高管，梦想有一天自己可以成为老板，管理着上百甚至上千的员工，拥有令人艳羡的成就。这样的梦想并非遥不可及，任何终点都有可以通过的桥梁。现在的你也许只是一名普普通通的员工，你希望有更大的成就和改变，你就需要比你的老板更加积极、主动地去工作。

你可能在想，“公司并不属于我，我只是一个给人打工的无名小卒。无论我再怎么努力，所有获益的都是老板，与我又有什么关系呢。”也许你宁愿每天按部就班地去工作，成为别人手下的一颗棋子，受到他人的操控，你也不愿意每天没命地去工作。朝朝暮暮，冬去春来，工作逐渐成了你消遣的借口，老板不在更是成了你不积极主动的借口。而你却恰恰没想到这种想法乃至做法实质上是浪费时间、浪费自己的青春和年华。

一分耕耘，一分收获。没有光鲜亮丽的背景，没有天赋异禀的才华，唯有勤奋不可替代。你的付出与努力是成正比例关系的。也许努力不一定有收获，但是不努力一定不会有收获。任何一代伟人的成功，都是在积极努力中蜕变出的。笨鸟先飞的道理更是如此，既然如此，又何必放不下所有的顾虑，要放手一搏，比老板更积极、主动，为自己的职业生涯夺得掌声和喝彩。

他没有光鲜亮丽的外貌，没有得天独厚的条件，但是却因为自身的积极和主动在保险行业蜕变，书写了保险行业不可打破的神话。他就是保险行业销售金牌之一的原一平。

销售行业本身就是一个形象活，这令原一平吃了很大的亏。身高不足160公分，相貌平平，这些外在的不足影响了他在客户心目中的形象。起初，他处处碰壁，业绩平平，受到了老板的指责。这在无形中刺激了他，他苦思冥想：认为有一天要比老板做得更好。既然与他人比存在一些劣势，那就用积极努力工作来弥补，来改变吧！

为此，他全力以赴地去工作，并为自己制定了严格的时间表和规划。每天，他五点钟起床，按部就班地开始一天的工作，刮风下雨从不间断。六点半，准时给客户打电话，确定拜访的时间；七点与妻子享受早餐的时光，谈谈工作上的问题；八点到公司上班；到公司准备好资料后，从上午九点到下午六点不间断地踏进客户的家里进行耐心的推销和细致地解说；晚上八点他会对自己一天的工作进行总结和反思，并安排新一天的规划，十一点准时休息。

也许是信念，使他比老板更积极主动的工作。从最初的被人拒之门外到后来的销售桂冠，他在日复一日中蜕变，日复一日中成长，用积极、主动实现了自己的梦想，告诉世人没有什么事情是不可能的。

积极主动永远比天赋重要！一个人能力再强，如果不积极、主动，又怎样期待能够取得成功呢。命运永远属于那些积极主动、努力工作的人。也许我们的天赋稍差他人，但是我们可以用积极打拼去对待自己的未来和工作。世上无难事，只怕有心人。记住，你是最棒的。唯有比老板更加积极主动，你才有可能成为老板，坐享其成是不可能的。

职场中，你更应该积极主动地去工作，去创造自己的价值。那些永远积极主动去工作的人，才更有可能获得令人瞩目的工作成果。要想在这个竞争激烈的时代脱颖而出，就需要用自己的积极主动来改变现在、改变未来。

比老板更积极、更主动，时刻把工作当成自己的事业。有这样一家公司，老板决定开拓市场，为此派甲、乙、丙三人进行当地考查，了解行情，以便做出市场规划。

甲、乙、丙接到任务之后，纷纷开始了行动。甲觉得这件事情非常简单，为此他并没有进行正规的市场调研，而是在网上搜了一些信息，敷衍了事，提交了任务。乙为此发了一些调查问卷，但是在搜集问卷之后，并没有对问卷进行细致的分析。

丙则不同，他到当地走访了市场，除去发了调查问卷，进行当地的考察，还对当地人们对产品的使用情况进行了分析。他积极主动，与老板探讨，与其他市场的情况进行对比。最后，他给老板交上了一份满意的答卷。

在竞争如此激烈的时代，每个人梦想成为职场达人，希望将自己的职业推上一个新的高峰。

为此，你需要做到以下三点:

（1）严格安排自己的工作时间。不管老板在与否，你都需要按照自己的工作时间来，适当情况下延长自己的工作时间。

（2）永远行动在老板前面。你需要从老板、公司的利益出发，想老板所想，为老板的工作减轻负担。

（3）时刻鼓励自己。无论何时，你都要告诉自己你是最出色的，用积极主动去改变周围的一切。有问题就要解决，切勿临阵脱逃。

老板之所以能够成为老板的原因在于其不断努力和打拼。如果你想青出于蓝而胜于蓝，你就要比老板更积极主动。如果能做到这些，那么你离成功就不远了。

4．把简单的事情做到极致

很多人都不喜欢做简单的事情，认为这些事情根本就不值得一做，与其耗在这么没有含金量的事情上，与其浪费自己的宝贵时间，不如寻找点刺激，做一些有挑战性的工作。但是，实际上事实并非如此，如果一个人连简单的事情都做不好，又怎么去做复杂的事情呢？孰能生巧的道理大家都知道，如果一个人能够把简单的事情都做到极致，那么困难的事情对他来说就不在话下。

世界上任何一件事情，不管简单困难，都值得我们去做。任何时候，你都不能够轻视自己的工作，每一份困难的工作都是简单工作的累积。因此，你需要在做每一份工作的时候都全力以赴，你需要积极主动地把它做到尽善尽美。你看看那些高楼大厦，如果没有一砖一瓦的累积，又怎么能成就其高耸矗立呢。

每个人都渴望在舞台上证明自己的实力和优秀，但有的时候却总是徘徊在梦想阶段，好高骛远，而忘记了脚下的路。每个人的成功都是从最基础的工作做起的。越是基础、简单的工作越能展现自己的价值。每一份简单的工作都值得我们去做，不仅仅要去做，还要把它做到极致。

年轻的修女进入修道院之后，想从事一些挑战大的工作。没想到进入修道院后，却被安排去做织挂毯这一简单的工作。起初，她还有耐心，每天兢兢业业，但是几周之后她开始厌倦了这份工作，觉得这根本就不适合她，她想换一份工作。

有一天，她觉得百无聊赖，感叹道：“我真的不知道我自己在干什么，她们给我的指示太模糊了。我一直在用鲜黄色的丝线编织，一会让我打结，一会又让我剪断，真的不知道是在干什么。这份工作对我来说没有任何意义，真的是做不下去了。”没想到，旁边的老修女听到了告诉她：“你的工作并没有浪费时间，也不是说没有意义。看似你的工作是很小的一部分，但是却是至关重要的一部分。我带你去个地方，你就知道了。”

修女带着好奇心跟着老修女走到工作室里摊开的挂毯面前，她完全呆住了。这才明白，原来她们编制的是《三王来朝》图，而她所织的那一部分是圣婴头上的光环。令她完全没有想到的是，她所做的如此简单的工作竟然是件如此伟大的事情。修女明白了这个道理之后，固守自己的工作和岗位，兢兢业业，将其做到了极致和美好。也许她暂时看不到整个编织的美丽，但是挂毯都是建立在简单的编织基础之上的。因此，她要更加努力，做到更好。

一个人只有努力地把自己的工作做到位，把简单的事情做到极致，那么工作就充满了意义。任何工作都是环环相扣的，少了任何一个环节都不可能。每个人只有站好自己的岗位，扮演好自己工作的角色，整个工作就会凸显其应有的价值和意义。而你也会因简单而变得更加阳光自信，更好地从事挑战性的工作。

一个企业，如果每个员工在工作中都不愿意去从事简单的工作，都是敷衍了事，那又怎么希冀工作的完整到位，到头来只会给公司带来一些不必要的损失，而自己的前景也堪忧。相反，如果每个人都能把简单的事情做到极致，那么整个企业的发展前途必然是光明平坦的。

他是一名名牌大学的毕业生，毕业后满心欢喜，觉得自己可以找到一份满意的工作。没想到，带给他的却是深深的打击。进入公司后，老板安排他去打扫马桶，并告诉他，一个月之后，我会对你的水平进行考察。如果合格的话，你就会成为我们公司的正式员工。

为此，他有过彷徨，有过迷茫，想放弃，但是他又不甘心命运的安排。他每天都极为认真地打扫马桶，要把这件事情做到更好。十天、二十天、三十天过去了，验收的日子来临了。他像往常一样极为认真地打扫，在领导跟前示范。马桶冲水的那一刻，他拿起纸杯盛了一杯水，直接饮下。

众人惊呆，觉得这件事情他都做得这么好、这么细致，必定是个不可多得的人才。为此，公司委以重任，而他也不断鼓励自己，在自己的职业生涯道路上走出了自己的辉煌。

所以，对每一个员工而言，有的时候最重要的是将每天简单的工作做到细致、做到极为精妙，并不断地坚持下去。这样的人才更容易获得成功。

成功并不困难，简单的事情做好也需要我们的努力。一个优秀的员工能够把简单的事情做到极致，在平凡的岗位上发挥自己的优势和能力，不断地重复，不断地突破，将其做到更好。每个员工千万不要小看工作，要学会足够坦然、淡定，在简单中蜕变，做到极致，挑战未来。

成功，就是积极主动地去将简单的工作做到位。不要去怀疑简单对你的挑战性，做到极致才更好。所以，现在的你需要放下所有的顾虑，让自己在简单中成长，在简单中挑战难度，在简单中开拓自己的职业生涯。

5．始终比他人领先一步

伟大的古希腊哲学家苏格拉底曾经说过这样的一句话：“要使世界动，一定要自己先动。”这句话意在告诉我们积极主动的重要性。积极主动在任何一个时代都不过时，凡事都要我们学会先发制人、快人一步、抢占先机。一个消极等待的人什么也得不到，等待你的只有落后和失败。

机会并不等人，你不抢占先机，没有人会给你机会。遇到的机会转瞬即逝，一个等着天上掉馅饼的人永远尝不到美味的佳肴。谚语有云：“早起的鸟儿有虫吃，会哭的孩子有奶喝。”在这样一个竞争激烈的时代，你不主动，你不快人一步，就会被他人碾压。也许正是这样的一个机会，让你与成功仅一步之遥。任何人都不想这样，不想在等待中失去，在等待中错失原本属于自己的辉煌。

始终比他人领先一步，任何一个老板都喜欢积极主动，先发制人的员工。一个优秀的员工不会等待机会的来临，而是在实践过程中自己创造机会，提升自己上升空间，同时也会给企业收获应有的效益。一个消极被动的员工，无论他的业务和知识能力有多强，但是由于他的拖延和等待，机会就会一次次地错过，个人的发展也会停滞，你会永远是一个生活在象牙塔的无名小卒。

一个人如此，一个企业更是如此。一个优秀的管理者善于抓住商机，在预知商机就要来临的时候，就会先于其他人抢先一步行动，他们敢想敢做，敢于突破自己，带领自己的员工打下自己的一片蓝天。相比之下，比他人领先一步的管理者所管理的企业越来越强、越做越大，最终会成为企业的翘楚。

身为富士康集团CEO的郭台铭就经常告诉自己的员工：“一步落后，步步落后；一招领先，招招领先。”他所带领的集团仅用了三十年的时间就入选美国《商业月刊》全球信息技术公司100强排行榜，其经营范围横跨计算机、通讯和电子领域，是微软、惠普、戴尔的重要合作伙伴。而郭台铭也因此被业内称为华人电子业的“成吉思汗”。

他对员工是这样要求的，自身也是这样做的。在郭台铭看来，只要是认准的，他都会第一时间抢在其他人面前去做。一次，海外一公司派遣采购员到中国台湾采购一大批计算机方面的产品。为了争取这笔大生意，台湾几家大型计算机的人都派人到机场迎接，想把这位“财神爷”请到自己的家中。为此，各个公司也想出了浑身解数，想了各种办法。

但是，没想到，飞机一降落，令大家目瞪口呆的是，郭台铭竟然和这位采购员一起出现在大家的视野里。所有的人都愣住了，之前所有的努力都付之东流。原来，郭台铭早将对方的行踪了解得一清二楚，并抢在竞争对手的前面，先发制人。他利用“巧遇”，在客户转机时，和他搭乘同一航班回台湾。他的先人一步为公司谋取了巨大的利润，也因此体现了他作为一个优秀管理者的能力。

因此，始终比他人领先一步是至关重要的。也许你有诸多准备，想了多种对付的策略，但是就算你能力再强，方案再好，但是你却不付诸行动，让他人抢占先机，那么所有的努力都会白费。你只能羡慕他人的成就而自怨自艾。

然而并非所有的员工都能意识到领先一步的重要性。他们认为同样是员工，每天按部就班完成上司的任务不好吗？但是，他们却恰恰忽视了一个问题，机会永远属于那些积极主动，抢占先机的人。

甲、乙两人同是某广告公司的业务员。两人学历年龄相当，同年入职，做着同样的工作，但是三年后，甲已经是公司的业务骨干，受到老板的赏识，而乙仍然是一个普普通通的业务员。两人为何有如此大的区别呢?

刚开始，两个人实力相当，都能体会到业务的艰难，因此互相鼓励坚持做着自己的工作。但是过了一段时间，乙就准备放弃，觉得太过辛苦。他觉得自己为何要那么累，每天有业务就好了，因此也不像之前那样努力了。

甲却不这样认为，每天仍然努力勤奋地工作。他为自己订立了严格的时间表，起得比乙早，回得比乙晚。但也正是因此，甲遇到了一个大客户，经过他的不断努力，与客户的沟通，让其与公司签约，为公司获得了利润。而乙每天懈怠，等着老板给发工资，也不愿意去干活，只能等待老板的辞退。

正是因为乙的消极懈怠，觉得每个月有份工资就不错了，让其成为工作的傀儡，成为一名失败者。

无论你的职业是什么，无论你有多么优秀，都应该记得比他人领先一步，争取在这一领域取得有利的位置。对于一名优秀的员工而言，始终比他人领先一步，争取先机，先发制人显得更重要。

你看看周围那些成功人士，看看自己的老板，他们都是在先机中取胜的。机会是不会等人的，与其等待命运的侵蚀，不如先发制人，掌握自己的命运。你有更多的能力去争夺你的未来，而不是坐以待毙，永远是职场的无名小卒。

6．坚持每天多做一点点

在亿万推销人中脱颖而出的成功者曾经这样说到自己成功的经验，你要想比别人优秀，要想做一名成功的推销员，就必须坚持每天比他人多做一点。比如别人今天访问10个客户，你每天比别人多访问5个，一个月就比别人多访问150个，一年、几年以后你的财富会是巨大的。由此可见，坚持每天多做一点点对于成功的重要性。

实际上，坚持每天多做一点点也是无数人制胜的法宝。一个普普通通的员工，如若能秉持“坚持多做一点点”的态度便能使你从其他人中脱颖而出，为自己创造更多成功的机会。有的时候，你离成功的距离就差一个坚持多做一点点的距离。对于很多人而言，多做一点固然可以，但是难得是日复一日的坚持。

在任何一个工作岗位，千万不要带着“反正今天我的工作已经完成了”的心态，千万不要觉得“每天我就做这样的工作，拿着这样的工资就好了”。一个优秀的员工会在完成既定的工作任务之后，为自己找事做，因为在其看来，这不仅仅是提升自己能力的平台，更能赢得老板的关注，为自己争取更多的升职空间，给自己更多的机会。

洛·道尼斯最初为杜兰特工作时，只是一个极为普通也不起眼的员工，职务很低，拿着廉价的薪水，但是，一次偶然的加班却改变了他以后的职业生涯。有一天，道尼斯工作到很晚，下班之后，意外地发现自己老板办公室的灯还亮着，他走到近处发现杜兰特先生仍然在奋笔疾书，认真地工作。一连几天，他每次下班后，发现杜兰特先生仍然会继续留在办公室工作。

后来，他想既然我的老板也在夜以继日地工作，他也决定下班后留在办公室工作。的确，没有任何一位公司管理人员要求道尼斯这样做，但是，看到自己的老板这样敬业，他觉得自己应该留下来，为杜兰特先生提供一些必要的帮助。

杜兰特先生是一个非常敬业的老板，由于工作需要经常需要找一些文件，打印复印一些材料。最初，这些工作都是由其亲力亲为。后来，他发现道尼斯在办公室里，就请他过来帮忙。久而久之，便成为了道尼斯的习惯，每天他都陪杜兰特先生工作到深夜。

正是因为道尼斯的坚持，坚持每天比其他员工多做一点点。他的努力杜兰特先生有目共睹，很快他就成为杜兰特先生的得力助手。与此同时，他的业务水平和能力也不断提升，他也因此而被任命为下属一家公司的总经理。而道尼斯之所以有这样的成就，就在于他遵从“每天坚持多做一点点”的工作态度和准则。

实际上，很多人能够获得成功，就在于他们比别人多做了一点点。同样的工作，同样的时间，同样的工作任务，不同的人所取得的成就却有很大的差别。一个取得突出成就的人，每天会给自己定一个小小的目标，告诉自己每天要比他人坚持多那么一点点，日积月累，便会有大的改变和成就。

你在工作中所取得的成就和你所付出的代价都是成正比的。无数的成功人士之所以功绩显赫，就在于他们日积月累地多一点点。在工作中，我们固然要做好自己的本职工作。但是，除此之外，我们还应该更加积极主动，更加努力一点，每天坚持多做一点点，超过老板对你的期待更远一点。长此以往，坚持会带给你更大的空间。

小李本科主修新闻出版，大学毕业后进入一家报刊公司工作。刚入职时，她只是一个小小的打字员，负责文字的录入。在公司的最底层，每天做着无聊的工作，但是她却在打字中找到了乐趣。

起初，由于对文章的不熟悉，她每分钟的打字速度为平均80个字，而其他同事为100字。为此，她告诉自己，每天我要比他人坚持多做一点点，要勤加练习，超过他人，不能低于平均速速。这样的目标让她变得更加从容，很快，她的速度就超过了平均速度，可以达到每分钟120个字。

然而，她并没有就此止步，因为她知道公司里还有比她更快的。为此，她告诉自己每天仍旧要多加练习，超过组长的速度180个字。每天完成既定工作后，她都待到很久，为的是提高自己的打字速度。一个月后，她的录入速度超过了组长，达到了每分钟190个字。

年底考核，公司进行业绩考核，她以打字速度快且准获得第一名。而其因为优异的表现得到提升，由于原来的打字组长休产假，她则顺理成章地接替了打字组长的职务，众人对其刮目相看。之后，她仍未因此止步，反而更加努力。每天下班后，利用业余时间对“编辑”这个职位进行认真的研讨，在不断学习和研究中，她的职位也不断升迁，终于做到了编辑出版的职位。她用自己的坚持和努力告诉了我们“坚持多做一点点”的意义。

坚持每天多做一点点，在坚持中你可以不断地鼓励和驱策自己，用更加认真的态度来对待你的工作，让你在亿万职场人士中脱颖而出。有付出就会有回报，不要担心自己的付出会被他人淹没，所有的努力都会得到公正的待遇。

也许每天坚持多做一点点会占用你消遣的时间，但是你却会因此而得到不一样的收获。要知道，在职场中，也许正是因为你的坚持让你恰巧遇到了良机。机会不早不晚，恰巧属于坚持和努力的人。

7．始终按最高的标准要求自己

没有压力就没有动力，没有要求就会懒懒散散，一事无成。有些员工之所以从底层脱颖而出，有非凡的业绩，就是因为他们始终对自己有严格的要求，始终按最高的标准来要求自己。无论他们从事的职业高尚与否，无论他们所做的工作简单与否，他们都会以最高的标准来要求自己，为企业创造利益与价值的同时，也提升了自己的能力和业务。

每个人的潜力都是无穷的，你永远不会知道自己有多么优秀。你给自己的期许值越高，给自己的标准越高，越能激发你内心的潜力和优势。这是一个员工身上难能可贵的素质，一个人可以用高的标准来要求自己，但是却难做到始终如一。这需要一个人的坚持，需要一个人的耐心和毅力。在高标准的驱使下，不断突破自己，实现自己的目标。

对于一个优秀的员工而言，如果能够做到100%，就不会停留在99%的边缘，如果能够做到110%，就不会停留在100%上。因此，要想成为一名优秀的人，就必须学会尽善尽美自己的言谈举止，积极主动地去工作，千万不要带着随便消遣的态度来对待自己的工作。要知道，同样的工作，为何他们晋升速度快，而你却还在原地。究其根源在于他人学会了以高标准来要求自己，让自己更加优秀。

他是一位木匠，在其手下完成的工程华丽无比，得到了很多人的赞赏。每建一幢房子之前，从木材的选取到房屋构建的样式，他时刻以高标准来要求自己，完成了一幢又一幢杰作，受到雇主的喜欢。

时光的流逝，木匠不再年轻，转眼间就到了退休的年龄。雇主很感谢他多年的帮助，为其获得了诸多财富。木匠临走的时候，雇主问他能不能够建最后一幢房子，当作告别礼物。木匠答应了，但是心里却不这样认为。他心里想：我为你干了一辈子，最后了你不给我点钱当做临别礼物，竟然还要求我再给你建一幢房子。

木匠的心思已经完全不在干活上了，他也不像以前那样严格要求自己了。反正是最后一次了，索性他就按着性子来，做事马马虎虎，让底下的伙计选取木材。结果底下的伙计偷工减料，而木匠也并未认真检查，用劣质的材料随随便便盖了一幢房子。他心里想，终于可以走了。

交工的那天，雇主看到这样的作品顿时诧异。他告诉木匠，“你辛苦了一辈子，我让你盖最后一幢房子，就是我送你的礼物。”木匠惊呆了，他懊恼不已，如果知道是为自己建房子，他一定会以高标准来要求自己，现在成了豆腐渣工程，可是什么也来不及。木匠要求了自己一辈子，却在最后没有做到，实在可惜。

一个人可以做到严格要求自己，但是却很难做到始终如一。如果木匠多一些坚持，完成最后一个杰作，那带给他的必然是巨大的惊喜而不是惊吓。要想做一名优秀的员工，更应如此，而不是马马虎虎，觉得一件事情不重要了，就敷衍了事。这既是对企业的不负责任，更是对自己的不负责任。

现代公司的人力资源经理在谈到对员工的要求时说：“一个企业对员工的最高要求不是企业要求员工达到何种水平，而是他要求自己达到何种水平。优秀的员工能够在心中对自己的能力予以合理的评判，每个阶段为自己订立一个目标，树立一个标准。也正是因为这项标准的要求，让他们在工作中不断鼓励自己，不断地完善自我，成就自己人生职业的辉煌。”

那么，对于一个员工而言，在以高标准来要求自己，又该注意哪些问题呢？

（1）从实际出发，不好高骛远。

你必须做到脚踏实地，合理地看待自己的能力。在自己真实能力的基础之上，以一定的标准来要求自己。比如，你每分钟可以打字50个，你不能要求自己在几天之内打字达到200个。任何标准的要求都是建立在实际的基础之上，要坚持一切从实际出发。

（2）按部就班，付诸行动。

有了标准之后，就需要自己按步骤一步一步来，切勿一口变成胖子，这种事情是不可能的。你可以给自己定个计划，分成几个小的计划，一步一步地去实现。任何标准的实现都是要付诸实践的，纸上谈兵是不可能打胜仗的。记得，这些标准是自己定的，没有任何人可以帮你实现。

（3）接受外界的监督。

有些情况下，我们不是一个自我约束力特别强的人，那么你可以寻求同事的监督。在监督和督促中实现自己的帮助。也许他们不能时刻监督你，但是他们可以给你一些实际性的建议。这对于你的发展也是必不可少的一部分。

潜力和才能是需要激发的，标准是要用来付诸实践的。你的人生没有你想象中的那么脆弱，你需要在高标准的要求下历练，需要在高标准的要求下成长、蜕变。任何一个优秀的员工都是在高标准的要求下不断地突破自己、改变自己的。而你要做的就是从现在开始，从始至终，不断坚持，改变自己，磨练自己，创造更好的未来。

从今天起，以更高的标准来要求自己，从今天起，改变自己，改变未来！

8．工作是一种修行

你为什么而工作？看到这个问题，你也许内心会有千万种答案。你也许会说工作本就是为了赚钱养家，养活自己，让自己过上更好的生活；你也许会说提升自己能力，学了一身本事如果不工作就浪费了自己这么多年的努力；你也许会说工作本身就是一种趋势，如果不工作，社会又怎样发展，人又怎能进步。每个人都有不同的职业意识，内心里有千万种从事某项职业的理由。但是，我们工作的理由就是如此吗？

对于工作，优秀的员工不仅仅将其视为一种职业，一种可以满足自身物质需求的职业，更将其视为自己一生的事业。在他们看来，如果工作只是每天自己的差事，或者你的目光永远聚焦在薪资等物质财富层面。而当这些满足不了你的时候，你会发现即使你最初能够保持对工作自身的热情，但时间久了这种热情就会逐渐消失，你会逐渐厌倦自己的工作，成为工作的奴隶。

一个人如果把工作当成是一种修行，则会收到完全不同的效果。所谓修行，从根本上讲就是将其当作自己的事业。工作既然是你的事业，你就会永葆对工作的热情和兴趣，全身心地投入工作。在工作中，你会将自己的各种能力、价值内化，将其当作展示自己智慧和能力的舞台，在工作中不断修行，成就更好的自己。简单点来说，如若你把工作当成一种修行，你就会在工作中找到你人生的价值、快乐和幸福。在工作中寻找乐趣，寻求生活快乐的源泉，而不是受到工作的操控和奴役。

他是一位很年轻的博士生，博士毕业后，他没有像其他人那样进入顶尖行业，立马成为公司上层的管理人员。在他看来，一切都要从头开始，他要自己创造自己的未来。他相信自己的潜力，觉得从底层开始打拼的他一样可以打拼出不一样的未来。

众多公司向其伸出橄榄枝都被他拒绝了，他自愿进入一家制造燃油机的企业担任质检员。他也并不在乎自己的学历比他人高多少，起初他的薪水与普通工人相同。这些都没能让他放弃，他告诉自己，自己选择的路跪着也要走完。

在进行质检的过程中，他虚心向老员工请教，发现自己学会了不少东西。质检的同时，他也没有忘记其他功课，他对公司整体的运营和当地的市场进行了调研。一个月后，他发现该公司生产成本高，产品质量差。为此，他找到企业领导，准备充足的资料，说服老板进行创新改革，占领市场。

见到他这样的举动，领导很是怀疑，就问他："我给你的薪水也不高，按理来说你的学历应该去更好的公司，拿更高的薪水，为什么你这么卖力的工作呢？"他告诉领导："我这样做，是因为我把工作当成自己的事业，这样对我也是有好处的。我愿意从底层开始打拼，不错过任何一个环节。这样才能更好地实现我的价值。"老板听了之后，接受了他的建议。仅用了一年的时间，企业焕然一新，而他也逐步升迁，能力也不断提升，薪资更是涨了好几倍。

他之所以有饱满的热情，之所以能够放下所有的顾虑和负担，全身心地投入到工作中，关键原因在于他把工作当成了自己的事业，将工作当成了一种修行。这样的态度难能可贵，值得每一个人借鉴。

当然，我们并不否认，一个人为了工作会有物质财富的目的在里面。但是，如果我们一直把物质财富置于第一位，就会发现自己永远也走不上致富之路。相反，如果我们把工作当成一种事业、当成一种修行，你会逐渐发现自己所做的工作是一份有价值、有意义的工作，你也会发现自己所追求的物质财富自然而然就有了。

工作是一种修行。每个员工都应该秉持这样的工作态度，这样你才会全身心地投入到自己的工作中，保持自己对工作的激情。你会本着负责任的态度对待自己的工作，对待自己的事业，你也能从容地面对工作中遇到的各种问题，从工作中感受到生活和人生带给你的快乐和幸福感。

从今天起，将工作当成一种修行，为自己的事业打拼，而不是为了工作而工作！

从今天起，将工作当成一种修行，自信地迎接挑战和未来，创造属于自己的职业生涯！

从今天起，将工作当成一种修行，热爱自己的工作，热爱自己的事业，实现自身的价值！

从今天起，将工作当成一种修行，改变自己的工作态度，享受工作带来的美好！

从今天起，将工作当成一种修行，在平凡的岗位上你也可以书写自己的传奇！

从今天起，将工作当成一种修行，主宰自己的职业生涯！

第三章

高悬责任之心：不为失败找借口，只为成功找方法

身为公司的员工，既然你选择了这份工作，你就要秉持一颗认真负责的态度来对待自己的工作。任何一个员工都应该培养自己的使命感，承担起自己肩上的责任。如果每一个员工都能够意识并承担起自己应该承担的责任，那么这个企业必然会更加强大。与此同时，自身的成就和发展也会更加辉煌。

1．培养强烈的使命感

无论是一个企业，还是一个团队的成员，都必须具备强烈的使命感。使命是一个企业成长的动力。因此，企业在招聘人才时，特别看重员工的使命感。一个拥有强烈使命感的员工，能够在动力的驱使下，为自己的目标奋进，提升自己的能力，为企业创造价值和福利。对于他们而言，使命已然成为他们生活中的一部分。一个共同的使命，能够使企业所有的员工团结一致，为企业的目标努力，遭遇挫折时也不懈怠，共同面对。

在企业的成长和发展中个人的能力也得到了提升。所有的成员在共同使命的领导下，能够意识到他们为企业所做出的每一点点贡献。所谓众人拾柴火焰高。每个人都尽心奉献，必能众志成城，为企业的进步做出自己的努力。对于他们而言，工作绝对不是为了满足自身物质需求的一种工具，即便是最简单的工作，在他们看来，也是整个社会运行中所不能缺少的一个环节。

世界著名的大学，诸如美国沃顿商学院、哈佛商学院，给新生上的第一节课都是政治课，内容包括商业使命、商业道德，企业家的使命和道德。

但实际上，企业的使命最终落实到员工的自身上，才能发挥使命感的最大意义。假使每个员工都能有强烈的使命感，那么企业的发展蓝图必然会是无穷大的，而企业本身也会走得更加久远。可以说，强烈的使命感对于企业的发展和员工来说至关重要。

有一家制药公司，在招聘员工的时候实行“终身雇用”制度。实际上，日本的很多企业都是如此。起初，很多员工都不能接受。但是，反过来很多优秀的员工逐渐接受了这一制度。试想，制药行业本身与人的健康生活息息相关。如果一个员工没有使命感，想的就是赚钱，而不考虑人的健康，或者为公司谋取福利，那这个公司没发展多久就会倒闭。因此，所有的员工目标应该放在研发出对人体有益的药品。对于他们而言，如果对人类有益的话，那么企业的发展必然昌盛，而自身的价值也会实现。这样，自身的能力也到了认同，这就是所谓的使命感。

也正是在这样制度的感召下，日本许多公司的企业文化和发展前景比起那些没有使命感的企业有更好的发展。这就是使命感的力量，让员工在使命感的驱使下获得进步，让企业在使命感的感召下实现发展。

一个员工，如若把工作本身当成一种神圣的使命，就能极大地激发他潜在的兴趣和动力，调动其积极性，更加积极主动、努力地去工作。与此同时，员工对企业的责任感也会随着他完成任务的行动和能力越大。一个负有使命感的员工与没有使命感的员工差异在于，他们相信自己既然是公司的员工，就必然有其存在的价值和意义，就被赋予了一定的使命和责任。既然有了使命和责任，就必须为自己的使命做出努力。

假使一个士兵没有使命感，临阵脱逃，为所欲为，他又怎能被称之为一个合格的士兵，又怎么能打败自己的对手，又怎能取得最后的胜利。同样的道理，一个没有使命感的员工对企业有害无益。一个没有使命感的员工就好比一个不称职的员工，不能很认真地对待自己的工作，更不可能取得事业上的成功，也不会考虑到企业未来的发展。

使命感可以使个人和企业获得双赢。它既可以使个人的各方面能力得到加强，也可以使得企业的文化和价值得到提升，在行业中鹤立鸡群。一个有着强烈使命感的员工，必然是一个有着伟大目标和力量的员工。他们在团队的历练下，造就卓越的自己。在实现自我和企业目标的同时，他们走出了平庸的人生，走上了卓越的道路。

那么，一个员工在培养自身强烈使命感的时候，应该从哪几方面入手呢?

（1）知道并了解团队的目标。当你明确团队的目标时，你会从内心里接受这些，会自然而然地全身心地投入工作，这对于任何一个人而言都是必不可少的。

（2）听从团队的指挥和领导。学会听从，服从团队的安排是身为一个团队成员的职责。如若一个成员妨碍了领导者的作用，就会阻碍整体目标的实现。

（3）当个人利益与集体利益发生冲突时，要优先考虑集体利益。团队工作就是如此，必然都会有冲突的地方，有时候需要个人做出牺牲。

（4）努力积极主动去做。不管给你安排何种任务，你都应该积极主动去做，认真执行。千万不要在团队工作时，自怨自艾，应该抱着乐观的心态去执行，而不是后退。

从今天起，重新审视自己的工作态度，审视自身的工作立场，培养自身强烈的使命感。只有这样，在企业取得进步和发展的同时，你也能够取得自我进步和提升。

2．第一次就把事情做对

在竞争如此激烈的时代，我们想要在亿万普普通通的员工中脱颖而出，就必须培养追求完美的精神。你应该这样告诉自己，如果一份工作我能够做到最好，那我坚决不要做到差不多；如果这件作品可以让我达到艺术家的水平，那我就要努力做到，而不是甘心只做个平庸的工匠。在这样心态的影响下，你才会逐渐养成健康、积极乐观的心态，才会尽力去追求完美给你带来的美好。而所有这些，都要求我们第一次就把事情做对。

所谓“第一次就把事情做对”，是指第一次把正确的事情做正确，不再返工。第一次要求我们做事情的效率，而把事情做对则是强调我们办事的准确性。在当今这个社会，第一次就把事情做对，就不意味着你用最短的时间，花费很小的代价，取得最好的效果。这样的工作态度注重的是培养员工的责任感和意识，以便能够在最短的时间内提高员工的办事效率，为企业创造更大的价值。

“第一次就把事情做对”是著名管理学家克劳士比“零缺陷”理论的精髓之一。他认为，在当前的社会竞争中，企业对员工的素质要求越来越高，对员工完成任务的要求也越来越严格。如若第一次就能把事情做对，就减少了很多做无用功的机会和时间，让你有更多的时间和空间去挑战其他任务。这样的你，能够在工作中调整自己的心态，找出适合自己的工作状态和模式，追求最高的工作境界，创造无失误的业绩，让你的工作和事业更上一层楼。

某广告公司虽然是新成立的公司，但是很有前途。然而却因为一个小小的失误改变了其发展前景。该公司的员工在为客户制作宣传单页时，由于时间紧张，将客户的联系电话弄错了。当他们将宣传单页交给客户时，客户也没有顾得上审核，就在第二天召开的新品发布会上分发了。直到发布会结束，工作人员在整理剩下的宣传单页时，意外地发现联系电话出现了错误，而为时已晚。

客户非常生气，向广告公司要求赔偿。广告公司的领导觉得实在理亏，无奈之下只能照单赔偿。但是即使赔偿了，也不能挽回广告公司的命运，之后的事情大家可想而知。久而久之，广告公司逐渐丢失了信誉，原本几家合作的企业也不愿意与其合作，因为大家都害怕出现的差错给自己带来损失。

也许，这只是一个小小的错误，但这样的错误却是致命的。这个小小的错误把一家很有前途的新公司扼杀在摇篮里。如若不管时间再怎么紧张，广告公司的员工能够在工作中反复校对，秉持负责任的态度，第一次就把事情做正确、做到位，那这家广告公司的前途可能会不可估量，那又会是另一个结局。

“第一次就把事情做对”既是一种追求精益求精的工作态度，也是员工负责任的一种表现。也许很多员工认为，人非圣贤，孰能无过，这样的要求太过苛刻。但这恰恰是错误的。举个例子来讲，飞机检修是一件需要耐心和细心的工作。如果你误检查了一个零件，那么后果简直不堪设想，也许正是因为你的一个小小的失误，整个飞机的乘客都会丧失自己的生命。所以，千万不要抱有这样的心态，要做就要做到精益求精，一次把事情做对。

当我们被老板要求“第一次就把事情做对”时，千万不要觉得“第一次没做对不要紧，我还可以做第二次、第三次”。的确，你可以去做第二次、第三次，但是你没有考虑到时间成本问题。第二次、第三次做一件事情是很浪费时间和成本的，有的时候还会给自己带来一些不必要的麻烦和损失。

第一次就把事情做对，就是告诉我们第一次就完成既定的目标和任务，而不是你只完成任务的一部分，其他部分可以允许自己犯错误，或者等剩下的时间自己慢慢弥补。我们不能说每个人都不犯错，但是应该尽量减少避免，因为没有一个人乃至一个企业能够承担为错误而付出的巨额代价。

第一次就把事情做对，是一个企业或者领导对员工的期待，它时刻告知自己的员工每做一件事情，都要尽自己最大的努力去做。在接手任何一份任务或工作时，你都得抱着“一次就做对”的坚定信心。这不仅仅需要员工拥有良好的职业道德和专业素养，也需要员工时刻保持一颗负责任的心态。

第一次就把事情做对，看起来很难，实际上却恰恰相反。如若每个员工都能做到这样，就能为企业减少不少时间和工作成本。我们也不用为了自身的错误而承担那些繁重的代价。它会使得我们的工作更加高效、轻松。

每个企业都需要这样的员工，能第一次就把事情做对的人，必然是一个追求高效率、高质量的人，是现代社会和市场所需要的人，这样的人值得信赖、欢迎和尊重。

从今天起，做一个第一次就把事情做对的人，未来你就很有可能成为一个优秀的员工。

3．找借口就是在推卸责任

“智者千虑，必有一失。”每个人都会犯错，都会有一些失误。其实，这并不可怕，关键问题在于你如何面对自己的失误和过错。面对错误，是为自己的错误寻找各种各样的借口，推卸责任，还是应该大胆坦率地承认错误，不为自己的问题开拓，勇敢地承担错误的代价。工作中亦如此，你面对问题，是寻找各种各样的理由和借口来推卸自己的责任、掩盖自己的过失，还是认真对待、勇敢承担呢？

实际上，没有任何一个企业的老板喜欢找借口推卸责任的员工。一个人工作的态度决定他是否能够将工作做好。一个没有责任感，总是想办法将精力和时间浪费在寻找借口的员工是令上司无奈的。这就好比说是一个员工你连自己应该承担的责任都承担不了，你又怎么能在以后关键时刻承担企业的责任呢？

一个优秀的员工，一个有责任的员工，在他的生活中，没有借口，没有抱怨。履行职责是他的工作态度，没有完成任务就是自己的过错，失误了就应该勇敢承担。很多人都喜欢在工作中抱怨，将自己的失败归功于他人，但其实再好的借口对自身的发展没有丝毫益处。很多时候，正是这些借口和理由使得我们迷茫，忘记了自己应该承担的责任。

众所周知，美国西点军校军规极为严格，也因此培养了一批有素质、有责任感的有志之士。西点学校自创建以来，就一直保持一个历史传统，从来不找借口。每当学员遇到自己的军官时，学员只能有四种回答，分别是“报告长官，是”“报告长官，不是”“报告长官，不知道”“报告长官，没有任何借口”。除此以外，任何多余的字都是废话。

“没有任何借口”是西点军校一直奉行的最高行为准则，它用“没有任何借口”告知任何一位学生都必须在没有任何借口和理由的情况下，完成军官布置的任何一项任务。在这里，每个人都是平等的，别人能做到，那你也就没有任何借口做不到，哪怕你的借口在大家看起来合乎情理。

在这一理念的指引下，无论是后来从事军事行业的他们，还是经商，从教的他们都在各自的领域里取得了不错的成就。对借口说不，对理由说再见。勇敢地面对自己的错误，勇敢地承担应有的责任，不骄不躁，创造属于自己的传奇。

任何看似合理的借口其实在老板看来都是推卸责任的一种表现。你选择借口逃避自己的错误，还是勇敢地承担错误，从实质上讲，体现了一个人对工作和生活的态度。在工作中，我们不可避免地会遇到各种各样的问题。面对挫折，我们应该选择义无反顾地前行，而不是选择逃避的理由。即使面对职场的暴风雨，你要迎难而上，积极努力化解，千万不要让借口成为阻碍你成功的绊脚石。

一个敢于承担自身责任的人，才是一个成熟的人，才能在工作中逐渐蜕变、成长。

李娜是一个很有能力和魄力的人，因其优秀的表现和能力担任某公司的销售部门经理。公司高层也极其信任她。一次，公司决定派遣销售部门的人到外地去处理一项业务。其实，早在得到这项工作之前，李娜就了解到此次他们交涉的对手是个极其难缠的客户，难度可想而知。因此，她以探亲访友为名，向公司请假。

等到上司下达任务的时候，恰巧她不在，因此这份工作给了她们部门的副经理。当副经理打电话向其汇报此事时，她以不能返回公司为由，让副经理代为执行此项事宜，并告知了具体的处理办法。她原本以为事情可以就这样过去，没想到正是因为她的不负责任给自己和公司带来了不必要的损失和麻烦。

一周之后，事情办砸了。李娜怕公司追求其责任，便以自己探亲访友为名，骗领导说自己并不知道有此事情的具体情况，一切都是由副经理代为执行的。她原本以为副经理可以代她承担错误，这样自己在老板面前也可以有回旋的余地。但是，若非人不知，除非己莫为。当企业老总多方面了解了事情的真相后，立即辞退了她。

假使李娜主动地承担错误，弥补失误，不为自己的错误找借口，那又会是一个完全不同的结局。任何一个老板都不会喜欢为自己找借口的人。你可以不优秀，但是没有敢于承担错误的勇气则要承担巨大的风险。如若你能主动承担，勇敢地对事情负责任，并努力地践行，那你所希冀的回报也会接踵而至。

凡事负责任的员工，都会得到公正的奖赏和待遇。主动地承担责任，而不是被动地接受，是一个优秀员工的工作态度。

在工作中，记得千万不要对老板说："这不关我的事""我很忙""我以前不是这样的""这件事情我不会""我不行"等借口。所谓的这些借口，在聪明的老板看来，都是不负责任的态度，都不是一个合格的员工。

让我们改变对工作的态度，把精力聚焦在努力工作上来。成功永远不属于那些寻找借口的人！

4．勇担重任，引爆生命“潜能”

这是一个机遇与挑战并存的时代。无形的压力，难以预计的挑战让我们变得无所适从。是选择逃避，还是抓住命运的纤绳，勇担重任，挑战自我，勇于向“不可能完成”的工作挑战。答案是肯定的。这个时代需要这样的员工，他们勇于奋斗进取，勇于打拼，在平凡的岗位上勇担重任，做出不平凡的业绩。

不能否认，你看看与你并肩战斗的同事们，你们都具备了升职加薪的能力和条件，但奋斗几年乃至十几年却始终没有大的突破。你有没有思量过这其中的真正原因？还是你非常喜欢现在的工作，安于平庸？有研究表明，这些人之所以没有成功，是因为缺乏在工作中挑战自我，勇担重任的自信。他们认为这样的工作，自己不能战胜。因此，他们选择了远离难度大的任务，结果自身的潜能也不能够得到很好的发挥。

甲、乙两人都是某公司的程序规划员。由于公司拓展新的业务，打算进军游戏产业，二人都接到了新任务。游戏行业大家并不陌生，但由于是该公司新从事的行业，对程序设计和创新提出了比以往更高的要求。领导在对公司整体人员素质和能力进行考核后，决定将该项目交给二人分别开发，希望二人能交一份满意的答卷。

甲接到任务之后，感到这确实是一个很有挑战性的项目，又因为是公司发展的新方向，必须将其做好。困难的是，没有往例可以参考。但是另一方面，他从心里感到非常满意。在他看来，这是一个很好的锻炼自身能力的机会，毕竟之前没有做过这些。为了真正了解游戏产业，他付出了大量的心血。最后，独出心裁地设计出了一套和市场上都不同的游戏软件，领导对其非常满意。

乙接到任务之后，并没有进行认真的准备，对同事们抱怨："怎么可能呢？我以前就没有接触过这些，又怎能设计出一款好的游戏软件呢？这简直就是个不可能完成的任务。"由此，他变得异常焦虑。鉴于任务的困难，他索性随便请了一个人来设计一款游戏软件。在他看来，反正公司里的其他人也不会，还不如找一个行家呢。但是，他找的"行家"也并未认真设计。提交软件那天，领导对他很失望。鉴于此，甲被委以重任，带领公司的同事们开发游戏软件，而乙做的仍然是之前的工作，并没有大的提升。

一个人可以能力不出众，可以业务不出色，但是不可以没有责任心。任何一个领导都不喜欢没有责任意识的员工。一个企业，员工如若没有挑战重任的决心，潜在的优势和能力就无法发挥，就无法做出一番业绩。

中国企业的翘楚海尔公司，之所以能够在千万公司中屹立不倒，主要源自其"勇担重任、责任到人"的企业文化价值和理念。在海尔，每个员工都能够遵守"人人都管事，事事有人管"的准则。任何一个零件的生产环节，都不能失误。整个团队从真正意义上做到了责任到人。

从根本意义上讲，责任到人能够激发员工的优势和能力，在很大程度上引爆了员工的生命潜能。而这种潜能在为企业创造价值和利润的同时，也在一定程度上拉大了自我提升的空间和额度。一个员工在自己的岗位上仅仅做到小心翼翼是不够的，还要学会勇敢挑战，引爆生命的潜能。

在任何一个行业，"勇担重任"都是非常重要的。具体来说，一个员工，在承担重任时应该注意哪些问题呢？

（1）没有不可能的结果，只有不行动的谎言。你的人生应该是充满挑战的，有的时候，你宁愿为自己寻找任何借口，也不愿意去想行动。做任何一件事情时，不妨自己先学会处理，不要遇事逃避，寻求他人的帮助。你要学会敢于行动，敢于突破自我，这样的你才会在职业中有所建树。

（2）没有完不成的重任，只有停留在知道阶段的借口。有些员工知道自己应该挑起重任，但是却不愿意付诸实践。纸上谈兵是万万不行的，你要学会将意识付诸实践，在实践中释放个人对工作的热情。

（3）努力追求好的结果。千万不要觉得自己成功不了。有句话说的好，梦想一定要有，万一实现了呢？每个人要走的职业之路都很长，每个人都会为了自己的梦想拼搏。在此期间，你付出了辛苦的努力，也许结果不是很完美，但是心态一定要对的，一定要学会追求更好的结果，在实践中摆正自己工作的心态，发挥自身应有的价值。

责任是一个企业的生命，又落到了每一个员工的身上。只有每个员工勇于承担自己的责任，并敢于挑战重担，企业的生命才会得以延续。每个人都想在自己的工作岗位上取得业绩，所以必须要学会面对，敢于挑战自己，面对重担不逃避，以不畏惧的态度去挑战，在平凡的岗位上发光，实现自己的职业梦想。

从今天起，勇担重任，引爆生命潜能，加油！你可以的！

5．请牢记，服从是一种美德

军人必须服从上司的指挥，服从是军人的天职。如若没有服从，整个军队就会我行我素，变成一盘散沙，更不要希冀打胜仗。服从是一种美德，身为一名员工，也必须服从企业的管理，服从企业的观念。没有服从，就无法在企业立足。无论是一个国家，还是军队，还是一个企业，一定程度上其成员的服从对于国家、军队乃至企业的发展是至关重要的。

身为下属，既然他是你的上司，下属服从上司本就顺理成章。没有了服从，公司的正常关系就不能维持，公司的正常运转也无法进行。一个人既然扮演了服从者的角色，就必须按照上级的安排去工作。但是，这并不是说我们没有了自己的主张和个性。而是指我们暂时地放弃了我们个人这个独立的个体，一切从集体的角度出发，遵循集体所规定的规章制度。

的确，我们不能否认个体的差异性。我们每个人都有自己的观点和看法，都有自己独特的想法和主张，我们希望在企业这个大舞台上展现自己独特的魅力。这样的观点和看法也是企业所提倡的，企业也欣赏一个有着独立想法的员工。但是，如果企业就某项关键问题达成了一致，有了最终的决策，你必须学会收回你个性的锋芒，做到无条件的服从，而不是一意孤行，与企业走完全相反的道路。

奥狄是一位成绩斐然的年轻人，经营着彝家大酒店，生意不错，拥有亿万资产。有人问他，你为何有今天的成就。奥狄每次都骄傲地说："我经营酒店有一个原则，就是不要拒绝客人的要求。"每年奥狄经营的酒店都会招募很多新员工，而奥狄每次都会就这一原则对员工进行培训。每每员工问到他为什么的时候，奥狄总是耐心地给员工讲述自己的经历。

几年前，奥狄与他们一样，只是一个小酒店的临时工，拿着微薄的工资，仅够养家糊口。一个晚上，外面风雪交加，已是深夜，酒店正准备关门。这时，一对年轻的夫妇走上门来，看到他们着急的样子，奥狄不忍心将其赶出去。但不巧的是，那天店里竟然没有一间多余的房间。

正当发愁的时候，他想到了老板的要求，不能拒绝客人的要求。后来，他将自己的床铺让给了他们，而自己在客厅打地铺度过了一夜。第二天，夫妇很感谢奥狄的帮助，坚持按价位支付房费，却被奥狄拒绝了。无奈之下，临走的时候，他们告诉奥狄："你不应该仅仅待在这里，你有足够的能力担当一家大酒店的老板。"

送走夫妇之后，奥狄并未将此话放在心上。没想到一年后，他收到了一封来自纽约的来信，附加一张前往纽约的机票。在信中，这对年轻的夫妇告诉他们："感谢寒冷之夜对他们的帮助，为表感谢，他们邀请奥狄经营一座大酒店。"

也正是因为奥狄服从老板，没有拒绝客人的要求，他才有了今天的成就。他管理几家大酒店，并拥有自己的酒店，但是他的原则始终不变。

奥狄只是一个临时工，但是却将老板说的每一句话都放在心上，做到了服从。为了将工作做到更好，虽然有突发状况，但是他毅然选择了服从老板，而没有拒绝客人的要求。他也没有为自己找任何借口，甚至没有收取费用。也许对于当时的奥迪来说，就是举手之劳，但却为他换来了一个意想不到的机会。

我们假想一下，当时奥狄没有把老板的话放在心上，没有听从老板的指示，而是找各种借口将夫妇赶出去，那么他可能还会在简陋的旅店里工作，一辈子都没有成为富豪的机会。

服从不仅仅是对自我散漫的一种制约和约束，也是企业管理中不可缺少的一个环节。服从是一种美德，要求企业内部的员工暂时地放弃个人所谓的坚持，将个人利益的得失放到一边，做一个真正有责任和使命感的人，做到个人利益服从集体利益，下级服从上级的管理。

一个真正懂得服从的员工，才是一个真正意义上有责任和使命感的员工。他们为人严谨，做事认真，勇担重任。一个真正懂得服从的员工，并非是一个没有个性的员工，而是在大局面前学会衡量。服从不仅仅是一个人素养的体现，更是一种内涵和态度，是一种不可缺少的美德。

服从是一种负责任的表现。一个企业领导者不会招募一个不负责任的员工，更不会拿整个公司的利益开玩笑。企业要发展，个人也要进步，服从是必不可少的。只有懂得服从的员工，企业才会优先录取。如果我们只考虑我们自己的利益，而不服从整体，即使我们再优秀，也不会得到领导的青睐。

从现在起，不要为自己找任何借口，服从上级的安排和决定。你要相信自己的能力，相信自己的领导，在任何岗位你都会发挥你应有的价值。对于企业的每个员工而言，每个员工都能贯彻这一理念，那么企业的工作就会相应地顺利很多，更能体现企业的价值和文化。

服从是一种美德，一个学会服从的员工，从根本上来讲就是一个负责任的员工。做一个服从的员工，服从自己的上级，服从企业的安排。

6．接受工作中的全部安排

既然选择了去做一份工作，就应当从内心深处真正地去接受这份工作，既能够接受这份工作带给你的欢笑，也能够接受工作中遇到的各种麻烦和困难。不管你是何种职业，既然选择了，就应该选择用心接受，接受工作中的全部安排，做一名合格的员工。如若你只选择接受工作带给你的好处，挑肥拣瘦，又怎样能够得到上司的青睐。

任何一份工作都有其存在的价值，你选择了高职巨薪，也要能够接受工作本身的难度，而不是坐享其成，任何事情都不是白白受益得到的。你看看那些在高楼大厦里的高层管理者，你羡慕他们每天西装革履，享受着很多人的仰望和尊重，坐在窗明几净的办公室里，但是你却不知道他们在此岗位里付出的辛苦和努力，他们要管理上百上千的员工，协调各种矛盾。任何光鲜亮丽的背后都有人们不为人知的辛苦付出。

假设环卫工人不能够忍受垃圾的气味，又怎能称之为一个合格的清洁工？假设教师不能够接受众多学生的吵吵闹闹、匪夷所思的问题，又怎能称之为一个合格的教师？假设前台不能接受每天见到形形色色的人，有时还遇到难缠的客人，又怎能称之为一个合格的前台呢？每份工作都有其光鲜亮丽的一面，也有不为人知的辛苦，既然选择了一份工作，选择从事这份职业，就应该欣然接受它带给你的各种问题，快乐也好，困难也罢。

赵强和李哲高中毕业后，没有考上大学，跟着一位师傅学习汽车修理。学成归来后，二人同时进入一家汽车修理厂工作。但是，二人在修理厂的表现却是大相径庭。众所周知，修车本就是个很累的活，这一点二人在向师傅学习的时候，就已经领略过了，但是两人的表现却完全不一样。

赵强并没有把师傅交给他的话放在心上，进厂的第一天，就开始讨厌这份工作。就这样，每天他都在抱怨声中度过。他的抱怨无非就是：这活真不是人干的，每天真累呀，早知道这样我就转行去干其他的了。就这样，他每天都在抱怨和不满的情绪中度过。每天上班对于他而言就像折磨一样。他把上班的时间都用在看老板的行踪上面，老板一不在他就偷偷玩手机，或者找各种借口不去上班。

李哲则不这么认为，他从内心真正接受了工作带给他的身体的疲惫，与此同时也享受着快乐，在修车的过程中他不断地向老师傅学习。与赵强相比，李哲的生活虽然辛苦，但是却很快乐。在磨难中，他学到了精湛的手艺。

转眼间几年过去了，李哲因其出色的修车手艺，职位不断提升，后来成了分公司的经理。而赵强还是一名普通的修理工，每天在浑浑噩噩中度过。

两人的职业前景和生涯有完全不同的结果。究其根源在于，赵强选择了从事修理这份工作，却不能接受工作的苦、累、差。试问，这样的人又怎能期待有大的成就。而李哲的实例则告诉了我们坚持和接受的价值和意义。

人生不可避免地充满了压力，充满了挫折。面对这些，我们不应该选择抱怨，找各种理由推脱，而是应该选择毫无理由地接受。不论怎样，只享受鲜花和掌声的舞台是永远不存在的。既然你接受工作带给你的薪资，就必须学会承担工作赋予你的责任以及随之而来的压力和挑战。

投递简历时，你期待高位高薪，但却不能接受工作的难度和挑战；选择工作时，你不是义无反顾地接受，而是找各种借口推脱；面对客户时，你不是选择毫无理由地满足客户的要求，而是责怪客户的刁钻；面对一份工作，你不是希冀在该职位有大的上升空间，而是对工作环境、任务挑三拣四。这些都是工作的大忌。你是一名员工，就必须学会一点，即接受工作的全部。

小洁是一个蛋糕店的员工，每次做蛋糕都对自己各方面的要求特别高。她自身认为自己已经是一个精益求精的人，没想到有的时候遇到难缠的顾客就是一件特别麻烦的事情。

一次，店里来了一位老太太，想为自己的老伴做一个生日蛋糕。老太太在店里寻遍各种图案都没有找到心仪的图案，在店里待了一上午也没有结果。为此，急坏了小丽。她心里想，不就是过个生日吗，至于吗？正准备跟老太太交涉的时候，没想到老板出面解决了此事。

在工作中你会遇到各种问题，既然选择了这份工作，就代表你会遇到不同的顾客。别看做蛋糕是件很小的事情，但是有的时候却有不同的意义。

的确，既然你选择了这个职业，选择了这个岗位，就必须接受它的全部。工作中对自己不严格要求、不尽职尽责的员工，永远算不上是一个好员工。

选择了这个职业，你必须学会接受工作中遇到的各种问题和麻烦，做一个负责任的人，学会接受工作的全部，而不是只享受工作带给你的益处和快乐。

7．不要把问题留给老板

任何一个管理者都喜欢那些愿意主动承担责任、积极主动的员工。没有任何一个老板喜欢一个将安排下去的任务又送回来的人。那些愿意主动解决问题，而不是把问题留给老板的人，是一个更加负责任的员工。相比之下，他们也更容易得到老板的赞赏青睐，更容易摘得成功的桂冠。

有的时候，我们会目睹这样一个现象。老板带着很大的期望，对员工赋予重任，交给他完成一份工作，希望他能够交上来一份满意的答案。没想到，老板回到自己的办公室里还不到一杯咖啡的工夫，员工就拿着这份任务，着急地敲办公室的门询问老板这样的解决方案是否可行，或者直接告诉老板这份工作他完成不了，这个问题挑战太大，自己不能解决。这样的员工在老板看来根本就没把工作放在眼里，遇事不是想办法解决，而是逃避，根本就不是一个负责任的员工。

这类员工经常抱着这样的心态：这是一颗“地雷”，是“地雷”都会爆炸，既然对我没有益处，那我又何必去踩这颗“地雷”呢。因此，当出现困难或问题时，他们选择各种理由逃避，认为只有逃避是最好的。有些员工还自作聪明地认为让自己的老板来解决才是最稳妥的办法，这样就不用承担不必要的责任。如果这样的办法真能够解决问题，企业都是这样的员工，这个企业再怎么辉煌也会倒闭。

K公司曾经是美国的第一大零售商。1990年的K公司总结会上，公司的高层经理年终总结时，发现自己犯了一个错误。有错误并不可怕，寻求解决办法就可以。但是，这位高层经理并没有进行认真的思考，反而向坐在他身边的上司请示该如何弥补。而上司也不知道，于是向上级汇报，寻求解决问题的处理方式。

可笑的是，上司的上司也不知该如何处理，又转过身来，向他的上司请示。就这样，一个简单的问题，到最后竟然被推到了总经理的身上，总经理甚是无奈。2002年，K公司遭遇危机，总经理让大家寻求解决的办法。没想到，底下的人都互相推脱。这让总经理感到无奈又惋惜。他回忆到1990的总结会，顿时蓦然。

就这样，风靡一时的K公司因为员工的不负责任，发现问题没有人寻找解决问题的方式不得不申请破产保护。他们宁愿把问题交给最高领导去处理，也不愿意承担作为一名员工应该承担的责任和义务。

作为一名员工，解决问题是一项职责，是任何一个人都不能逃避的东西，把问题留给老板解决从根本上讲是一种工作不力的表现。面对问题，我们不应该把其当作洪水猛兽，而应该视其为提升自己能力和空间的发展平台。逃避根本解决不了任何问题，相比之下还会让你在老板心目中的形象变得越来越差。

所以，不管你做什么工作，处于何种工作岗位都不要总是想着把问题交给自己的老板来解决。如若老板可以帮助你解决一切问题，那你的存在又该如何体现，千万不要对自己的上司抱着不切实际的幻想。

的确，不能否认，老板直接对自己的公司负责。但是，偌大的公司，他不可能事无巨细，不可能将所有的事情都解决了。这个时候，就需要身为员工的你主动站出来，帮助老板出谋划策，解决问题。这不仅仅是任何一个老板都想要的员工，而且也是时代对人才提出的需求。你必须记住，那些积极工作，努力承担责任，想尽一切办法主动解决问题的员工，才是老板钟爱的员工。

当再次遇到问题和麻烦时，身为一名员工，应该这样做：

第一，遇到问题，千万不要给自己找任何推脱的借口。诸如“我不行”“我不能够解决”之类的话千万不要在老板的跟前说。你应该变得自信一点，相信自己解决问题的能力，而不是临战脱逃，觉得这无异于踩“地雷”。

第二，将问题和困难视为锻炼和提升自己的机会。每个人在职场中都是在解决困难和问题的过程中不断地成长的。你想要有大的职业发展空间，想让自己有提升，就必须学会勇敢地解决问题。

第三，记住自己去解决问题，只要你学会用一颗负责任的心去解决问题，任何问题都会有解决的办法。功夫不负有心人，上天会眷顾每一个努力的人。

作为集体的一员，想脱颖而出，想得到重用，就必须让老板相信你解决问题的能力。而要得到老板的信任，就是要学会主动请缨，勇于承担责任，而不是遇到问题逃避，将问题留给自己的老板。

这样做，不但会锻炼自己的工作能力，而且也会挖掘你身上潜在的巨大优势和能力。长此下去，你的工作能力就会不断凸显，从而得到上司的重用。

8．现在开始，让问题到此为止

一位著名的企业家曾经说过这样的一句话：“一个优秀的员工，敢于承担责任。在解决问题的过程中，他们不会为自己寻找各种借口，也不会把问题留给别人。学会停止把问题推给别人，在职场中挖掘自身的潜能，处理问题，培养自身的责任感和使命，让自己在工作中主动承担责任。”由此可见，任何一个企业都特别注重员工负责的态度。

著名的美国总统杜鲁门就是一个很有责任感的总统，在他看来，任何时候如果事情摆在自己跟前，就要让自己负起应有的责任，不要把问题丢给他人。上任总统后，为了时刻提醒自己，他在自己的办公桌上摆了个牌子，上面写着“Buckets stop here”，其意思就是说：“问题到此为止”。而也正是因为他这样对自身的鼓励和激励，成就了他的总统生涯。

从现在开始，让问题到此为止，这是在职场中一种不可缺少的精神。在一些情况下，遇到工作上的问题，我们会自然而然地先去解决简单的问题，而把有难度的事情推给他人。这种思维导致的唯一结果就是工作上的失败。因此，要想在职场中获得成功，战胜他人，就必须用自己的责任感付诸行动，真正承担起应有的责任，解决问题，而不是推给他人。

某厂是一家以销售产品为主的公司，经营的产品受到大家的一致好评，在当地有不错的口碑。但是，由于市场不景气，加上公司内部出了一些问题，导致产品销出去后，不能及时地收回货款。其中，有一位大客户，一年前在公司买了将近20万元的产品，但是总是以各种理由不肯支付货款。为此，企业老总派遣甲、乙、丙三人解决问题。

甲在与客户交涉的过程中，客户以产品销售一般为由，直接拒绝了甲的要求。甲心里想“这个客户实在难缠，反正欠的是公司的钱，和我没有太大的关系”，于是便放弃了。乙找到该客户后，客户的态度更加无赖。他们告诉乙，公司最近周转困难，连工人的工资都不能按时发放，等产品销售出去，资金到账后一定连本带息归还。因此，乙也无功而返。

丙见到客户后，早已做好了足够的心理准备。面对客户对他们公司讨账的各种不满，丙也不着急，见招拆招，想尽办法与其周旋。最后，客户实在耐不住丙的软磨硬泡，只能同意支付货款，并开了一张20万元的支票。当丙怀着激动的心情去银行取钱时，却被告知支票无法兑现，只有199900元。

丙立刻明白了客户公司的意图。在这种情况下，一般人都想着再给客户打电话周旋，可是临近年关，如若不想办法，款还不知道什么时候能下来。他觉得问题应该到此为止了。因此，他自己拿出100元钱，把钱存到客户公司的账户里。这样一来，支票立马兑现。

当丙回到公司后，跟老板讲了事情的始末，老板高度赞扬了丙解决问题的能力和勇于承担责任的魄力。为此，老板对丙刮目相看，并对其委以重任。丙的职业前途不可限量。

如果三人都以各种借口为由，遇到问题不去想办法解决，而是随意推脱，后果可想而知。也许20万元的货款就打水漂，而该公司也很有可能因为资金问题出现各种内部问题。

所以，我们应该学会在遇到问题的时候，学会让问题到此为止。在职场中，一个敢于打破自我，承担责任的人必然会得到上司的重用，也能够在职场中发光发亮。

伟大的意大利哲学家马志尼曾说：“我们必须找到一项比任何理论都优越的教育原则，用其来指导人们向美好的方向发展，教育他们树立坚贞不渝的自我牺牲精神，这个原则就是责任，这种精神也是他们终生的责任。”

找借口是人的一种本能。而一个真正勇于承担责任的人不仅仅对其行为负责，更会对事情的结果负责。你应该尝试着去思考一些问题，什么是责任，你应该对谁负责？其实，在职场生涯中，这些问题都会伴随着你。一个负责任的员工在职场中会走的更远，前途也会更加光明。

一个负有责任感的员工，能够清楚自己的优势和能力，愿意挑战困难，希望在职场舞台充分施展个人的才华；一个负有责任感的员工，愿意承担更多的责任，会给你一个相对令你满意的答案和结果，因为在他看来事情就应该到此为止了；一个负有责任感的员工，能够在执行任务的过程中，集中精力洞察潜在的问题和困难，从来都不会为自己寻找借口和任何荒唐的理由。

负责任的员工对企业的发展至关重要。没有老板喜欢一个遇事只是纸上谈兵的员工，他们喜欢主动请缨解决问题的员工。在他们看来，工作仅仅做对是远远不够的，更应该做好。因此，领导交代的任务在你这里就应该结束了。

学会敢于承担责任。一个努力做有责任感的员工，其工作会更加勤恳，在职场中胜利的把握也会更大。对待每一份工作，我们都应该坚持“让问题到此为止”。

你准备好迎接挑战了吗？从今天起，让问题到此为止。

9．尽职尽责才能尽善尽美

尽善尽美是人生最美好的理想，是实现自我价值的最高境界。无论从事什么职业，都需要认准自己的位置，认真地看待自己的工作，并尽可能地尽自己最大的力量去完成，才有可能做得完美。这既是一种精神上的追求，也是一种工作态度。如果你的工作中没有了职责，没有了追求，你的生活就会变得毫无意义。因此，不管你选择从事什么样的工作，都应该尽职尽责，力求把它做到尽善尽美。

无论你做什么工作，都必须摒弃浮躁的心态，静下心来，踏踏实实地去完成。一个人付出多大的努力和收获，将工作的关注点放在那里，自己的收获就会有多少。的确，有的时候工作给我们带来身心的疲惫，加班加点的工作让你无所适从，但是如果你认真地、尽职尽责地去做，那么工作给你带来的乐趣则是无限大的。

在工作中，经常会出现这样的一种现象。你认为自己的工作已经做得非常好了，但是却得不到老板认可。但是你静下心来想一想，这是你自己的真正水平吗？在做这份工作的时候，你是否发挥了自己的最大潜能？你的工作真的已经做到尽善尽美了吗？实际上不然。每个人的潜力都是巨大的。如果我们都能够尽职尽责地去工作，发挥我们的最大潜能，相信我们的工作一定会尽善尽美。

小美是一家公司刚入职的员工，自认为能力很强，因此对待工作马马虎虎，非常随意，让周围的同事和上司非常不满。为了挖掘她的潜能，让她意识到自己的责任，上司想出了一个办法，希望她自身能够意识到这样的问题，并因此而改变。

一天，上司交给她一项任务，让她为一家知名企业做广告宣传方案。接到工作后，她满心欢喜，觉得这件事情对于她而言就是小菜一碟。因此，她并没有对该知名企业的发展历史进行详细的了解，仅用了一天的时间就做出了策划案。交给上司后，上司觉得这根本就不行，让她拿回去重新起草。

任务被返工之后，她逐渐静下心来，开始重新修改，这次她用了三天的时间来修改自己的策划案。交给上司之后，上司虽然不是很满意，但是感觉大体还可以用，就对小美说："这是你的真实水平吗？"小美听后，顿时沉默，只能再次返工，拿回去重做。

回到自己的办公室后，她重新调整自己的情绪，开始进行认真的反思，斟字酌句，原本以为这次就可以了。没想到，当她交给上司文件的时候，上司又问："这是你能够做出的最好的策划吗？"小美一怔，不敢看自己的老板，默默地拿回去再次重做。

连续返工多次的她，这一次变得格外淡定，为了做好令上司满意的策划案。她对公司的发展历史进行了详细的了解，并在原来策划案的基础之上加了很多创意的地方。几天之后，当她再次到达老板办公室的时候，她非常自信地告诉老板："这是我能够做出来的最好的策划案，请老板过目。"老板认真看过之后非常满意地笑了，并告诉小美方案通过。

小美之所以对最后一个方案如此自信，是因为这个方案超过了她对自己的期望，也许连她自己都想不到她自己都能将方案做得如此尽善尽美。也正是因为有了这样的经历，她才明白，一个员工只有尽职尽责地去完成任务，才能把事情做到尽善尽美。在此之后，她的工作越来越好，很快变成为公司的得力干将。

有的时候，你会遇到这样的员工，本身学历才华都非常出众，但是唯一缺乏尽职尽责的工作态度，每每做事总是敷衍了事，不能将该做到的工作做到位，结果在职场待了多年却没有大的建树。而有些人，也许刚开始在工作中不是那么出众，但是却有一颗很强的责任心，能够用自己的能力想尽办法尽可能地把工作做到最好，结果这些人在职场的成就更大。

小芳和小华是同班同学，大学毕业后，正值金融危机，就业困难，不能找到专业对口的工作，于是便降低了自身对工作的要求，到一家公司应聘，从事打杂的工作。

小芳虽然觉得这份工作不起眼，但是为了生计从心里接受了这份工作，虽然每天干的都是打杂的工作，打扫办公走廊、卫生间等地方，但是她工作积极、认真勤快。而小华则不同，她内心深处对工作存在了深深的抵抗情绪，每天都在应付自己的工作。两个人的结果当然不同了。

小芳尽职尽责的工作态度被老板看在眼里，最后，重用了她。而小华没有做多久，便被老板辞退，不得不重新找工作，适应新工作。

一分耕耘，一分收获。你在工作中播种什么样的种子，将来必定会收获什么样的果子。工作是自己的，不是老板的，不要抱着糊弄的心态来对待自己的工作。也许在你看来糊弄会为你节约很多时间，但是其实不然，你失去的是一个提升自己的平台。

今天你糊弄工作，明天工作就会糊弄你，你就有可能成为公司裁员的对象。从现在开始，做一个尽职尽责的员工。只有做到尽职尽责，才能做到尽善尽美。

第四章

焕发热情之心：伟大的理想因热忱工作而成真

一颗热情的心，对于一个员工来说就如生命一样重要，更是成为一个优秀员工不可缺少的素质。它是一种动力，有了热情，我们就可以让枯燥无味的工作变得生动有趣，从而充满活力地去追求自己的事业；有了热情，我们可以因此感染周围的同事，处理好工作中的人际关系；有了热情，我们就可以挖掘自身的潜能和优势；有了热情，我们便能容易获得上司的重视，为自己赢得成长的机会。

1．激发你的工作热情

在职场中，我们经常会发现一种典型的职业懈怠现象。刚踏入工作，大家都能怀揣自己的职业梦想，扎实苦干，做好自己的份内工作。工作几年之后，伴随着时间的流逝，对工作的兴趣逐渐消失，疲倦懈怠开始成为工作的主旋律。在这样的情况下，你开始变得对工作缺乏耐心和热心，每天的上班对你而言都是敷衍了事，你开始讨厌工作，甚至害怕工作，不愿意去从事现有的工作。

一旦你陷入懈怠的漩涡，就会发现曾经那么感兴趣的东西已经不能够吸引你，曾经的干劲十足如今被几乎麻木的懈怠所取代。其实，这种懈怠和缺乏工作热情在职场中非常普遍。懈怠本身并不可怕，关键问题在于你如何看待自己的工作，如何在工作中激发自身的工作热情，从而全身心地投入自己的工作，实现自己的职业梦想和追求。

你是否考虑过这个问题，以前那个刚踏入职场的你怎么不见了？是什么原因导致了你在工作中出现麻木懈怠的现象？是什么让你开始讨厌工作，并想远离工作？曾经那个热情高涨的你又去哪里了？其实，答案就在我们心中。在工作中没有热情，归根到底在于对生活和工作的态度。只有心中保持对未来的憧憬，不固执己见地认为它只是我每天挣钱养家的一种工具，才有可能从根本上改变自身的态度，激发工作热情。任何一个公司都需要热情而又充满活力的员工。

在加利福尼亚有这样的一群志愿者，他们每个月都要花一些时间聚在一起参与制作一年一度的玫瑰节游行比赛。也许对于其他人而言，游行比赛本来就是有专业公司设计制作的，与他们本没有关系，这样制作既浪费时间，又没有什么益处。况且，每年参加游行的人有100多万人，而4亿多观众看到彩车的时间也就几个小时而已。

正是因为志愿者的热情，他们每年都会主动参与制作，即使在除夕夜、新年这种与家人团聚的日子。巨大的工程量对于他们而言本就是一个耗时耗力的活，但他们每年都会准时地参加，这种热情让大家感动，也让专门制作公司彩车的团队保持了饱满的热情去完成这项浩大的工程。

有记者曾经采访过其中的一位叫帕姆·孔特的志愿者。他告诉记者：“他之所以能够坚持这么多年，是因为他的热情。制作彩车本身就是一件非常有趣的事情。虽然它工程量大，需要时间久，但是每当我们看到最后的成果时，我们都觉得异常兴奋，这是一件多么令人引以为傲的事情呀！”

也正是因为这样的工作热情，让他们完成了看似不可能完成的事情，这是一种工作态度和坚持。这样的工作热情不仅仅让一个人更加自信从容地去工作，也让一个团队时刻充满了热情，用饱满的精力和信心去完成不可能的挑战。

微软公司董事长比尔·盖茨曾说过：“我做过的最好的一件事就是把我的热情散发出来，让别人与我共享。”显然，正是因为工作热情的力量使得微软公司取得了巨大的成功。任何一个人，永远都不要小看热情的力量。它会让一个人更加优秀，而缺乏热情只会让他们为失败寻找各种借口。

其实，任何一个行业都是相同的，任何一个行业都有存在的意义和价值。由于工作，你负担起养护家人的责任；由于工作，你的生活更加充实；由于工作，你的人生才充满了意义。正是由于工作，你的能力和潜在的优势得以展现出来，你人生的目标得以实现。所以，现在的你，应该学会激发自身的工作热忱，做一个有热情的人。

在激发工作热情时，有哪些方法呢？下面的方法不妨尝试一下，说不定你会有意想不到的效果和收获。

方法一：订立自己的奋斗目标。不可避免地，每个人都会有懈怠的时候，这个时候我们就需要进行适当的调整，清楚自己的奋斗目标是个不错的方法。

你必须明白自己的工作目标和任务，知道自己到底是为了什么而工作。你的工作不仅仅是为了满足每天的一日三餐，而是为了理想，这样你就可以获得充实，得到他人的认可。

方法二：保持好的心态。心态对工作、生活都至关重要。你需要保持一种不断进取、不甘落后的心态，积极向上。这样的心态会让你更加年轻。

在日常工作和生活中，你可以与身边的优秀同事、上司进行沟通交流，学习他们对工作积极热情的态度。在这样心态的感染下，你会发现自己的潜力得到激发，自身不服输的精神也得到了最大化。

方法三：全力以赴。你需要调动自身的潜力，全心全意、尽职尽责地做好自己的本职工作。工作做好了，你才能有成就感，才会更加有动力地去工作。

与此同时，有的时候，如果你尽心全力发现还是没有结果的话，就要学会适当地放弃，工作中快乐更重要。

总之，热情是任何东西都不能替代的。现在的企业、团队需要充满热情的员工。热情会让一个人更加从容、自信地面对工作中的是非曲折，让一个团队更加精力充沛，从而迸发出无穷的力量。

2．变消极被动为积极主动

身为一名员工，如何在职场长久地生存下去？简单点来说，就是要不断地提升自我。一个优秀的员工，只有抱着积极主动的心态去工作，做工作的主人，而不是消极被动地等待老板的工作，才能提升自我。也许你说这是老板的心态，其实不然，如果你能够积极主动地去工作，你会发现同样的任务在你的手里就变得非常简单。积极主动不仅仅是一种心态，更是一种制胜的法宝。

同样一份工作，有些员工脑子里全是一些“我不行”“不可能完成”等负面的情绪和态度，而有些员工心中则充满了阳光积极的心态。每个人在职场中都是一样的，都不可避免地会出现某些被动消极的思想，但是这并非无药可救。即使你的手脚被捆，即使你无力改变，但是积极主动地去寻求解决方案总是没有错的。

在这个竞争日益激烈的职场中，失败的人总是一些心态不好的人。遇到困难，他们并不是积极主动地去寻求解决方案，而是选择后退之路。“我完成不了，还是退缩吧”是很多人都存在的想法，结果逐渐陷入失败的深渊。而成功者则完全不同，他们会用“我可以的！我行！我能”等积极的想法来鼓励自己，不断地寻求突破，不断前进，直至成功。积极的行动可以造就伟大的成功，而消极的行动，足以让人失去方向。

甲、乙两个人所在的公司是一家皮鞋厂，为开拓新市场，公司派遣甲、乙两人去非洲推销皮鞋。其实这本身并不是很难，但问题的关键在于非洲处于赤道地区，终年炎热高温。当地的非洲人觉得穿鞋是件只会让自己更热，因此他们终年赤脚，但是甲、乙两人事先并不知道情况。

甲到达非洲后，发现非洲人赤脚，既诧异也失望。他心里想："既然他们都赤脚，那他们又怎么会要我们的鞋呢？"于是，他放弃了努力，沮丧而归。而乙则不同，他看到非洲人赤脚的情况，心中激动万分，告诉自己：看来这里的市场巨大，我一定要施展我自己的口才，想法设法让他们购买皮鞋。

为此，乙想尽了各种办法，向当地人列举了穿皮鞋的各种好处，比如脚不容易晒伤，不容易被利器割伤等，刚开始大家都不相信，后来他就免费让人试穿。结果试穿的人非常满意，因此大家开始纷纷购买皮鞋。短短几天之内，乙带来的皮鞋被抢购一空。

甲、乙两人的工作本是一样的，而乙之所以能够成功，完全是因为他积极主动的工作态度。因为他的积极努力，他没有放弃对困难的挑战，将这份工作当成考验自己能力的一项任务。这样，他全神贯注、全身心地投入到推销皮鞋的工作中去，成了赢家。

相比之下，一个消极投入工作的人就好比一只懈怠的木偶，虽然有的时候会因为暂时的运气给自己带来掌声和喝彩，但是一旦操控他的线被折断，这个人就失去了方向，失去了追求的动力。

一个人如果能够用饱满的热情，积极主动地做每一份工作，那么就算是再为普通的工作也能成就非凡的意义。一个人如果能够积极主动地去做最为平凡的工作，就能够成为最灵巧的工人；如果消极被动地去做看似最为高尚的工作，到头来也不过是一个平庸的工匠。因此，各行各业都有你施展才能的机会，你必须用积极主动的心态去对待你的工作，实现你的价值。

小刚大学毕业后进入一家保险公司做销售工作，而这与他当初所订立的职业梦想差距太大。但是，他知道自己缺乏资历，更清楚自己的职业梦想和规划。想到这里，他觉得自己要用自己的热情来改变现状。为此，他全心全意地投入到新的工作中去。他用自己年轻所特有的活力感染着周围的同事，传递给每一位客户，而每一个和他接触的人都能感受到他的魅力。

一年的时间也许是短暂的，但对于小刚而言却是职场生涯中最重要的阶段。一年来，他积极主动地向公司的老同事请教问题，积极主动地与客户沟通，帮助客户解决问题。一年来他所有的努力大家都有目共睹，他的主动和热情已经深深感染了每一个人。鉴于他优秀的表现和成绩，领导破格提拔他为销售部的组长，他也因此取得了阶段性的成功。之后，他变得更加努力，用自己饱满的热情和一颗积极主动的心去实现自我，成就未来。

一个员工，如果想取得较高的成就，就必须学会积极主动，改变之前消极被动的现象。你要学会自主地去工作，积极主动地解决问题。这样的工作习惯是现在职场中不可缺少的一部分。那些获得成功的人，总是积极主动地去工作，愿意为自己所做的一切付出努力。成功本身来之不易，但是也并非不可获得。你要用热情去工作，变消极被动为积极主动。

从今天起，不要犹豫，变消极被动为积极主动。学会主动，你会发现一切都会变得更加美好，千万不要等失败了才追悔莫及。

3．工作之中无小事

“一屋不扫，何以扫天下？”如果一个人连小事情都做不了，或者不愿意去做小事，那又怎么能做大事？然而在工作中，很多人总是希望能够去做一些难度大的工作，希望能立马展示自己的能力，得到老板的重用。但是，实际上这种想法是错误的。工作无小事，一个人只有把小事做好了，才有可能去获得更大的成功。

千万不要抱着骄傲的心态，自以为是地认为自己就不应该做这么简单的事情，而不愿意去做小事。要知道，任何一个人都是从小事开始的。一个优秀的企业家也是从一个小小的伙计开始的；一个优秀的演员也是从做群演、配角开始的；一个将军也是从做士兵开始的，每一个做大事的人都是从一点一滴的小事开始的。

任何一件看似琐碎的工作都有其存在的价值。如果一个人在小事上都能够尽心尽力地做到完美，用饱满的热情和积极地工作态度去做，那这样的人才更容易在大事上取得成功。一个不愿意做小事的人总是用消极的心态去对待自己的工作，工作只不过是磨洋工的一种方式，而一个积极的人则会安心地去工作，把小事当作锻炼和提升自己的机会，让自己的业务更加精湛。千万不要小看任何一件小事，大事都是建立在无数的小事基础之上的。有些小事也蕴藏着巨大的商机。

在美国佛罗里达州流传着这样的一个故事。故事的主人公曾经是一个13岁的少年，名叫萨和特。萨和特从小就是个特别细心努力的男孩子，从小就很独立的他喜欢利用假期和课余时间为自己赚取零花钱。钱赚得不多，但是却很满足快乐。

一次，他在替人照看婴儿的时候，发现婴儿母亲其实很辛苦。除去干家务的活，还要经常上街为自己的宝宝购买纸尿片。于是，他灵机一动，觉得这虽然是件小事，但是如果能够提供送货上门服务的话，那既为母亲减轻了负担，又能锻炼自己。因此，他决定创办打电话送货公司。

起初，为了试验，他只为他附近的家庭服务，但是令他万万没想到的是，这项业务受到大家的欢迎。有的时候，生意非常好，他一个人根本都忙不过来。于是，他便用每小时6美元的薪资雇佣了一些大学生替他工作。从送纸尿片这件小事做起的萨和特现在已经是手下拥有诸多大公司的老总。他用自己的亲身实例告知了我们小事存在的意义和价值。

在工作中，任何一件小事都关系到全局的发展，牵一发而动全身，每件事情都有其重大的影响。任何一件惊天动地的大事都是由小事构成的。身为企业的员工，就应该熟知工作的每一个环节，在做小事的基础之上，不断地积累，才能将大事做得更好。无论事情大小，只要是自己的工作，就要努力去做好。

李丹是国内某知名高校的毕业生，以优异的初试和面试成绩进入一家大企业工作。胸怀大志的她一心想着怎样升职，希望有大的成就，实现自己对职业的期许。但是，上班后她才发现现实的残酷。究其原因在于，进入公司后，她发现自己所做的都是一些琐碎的事情，没有任何含金量，一个高中毕业生都可以去做，也看不出自己的才能，于是便失去了耐心。

一次，公司召开新产品发布会，由于时间紧、任务重，公司全体同志加班，分配给她的任务是装订文件。这是一次大规模的会议，关系到新产品的销路问题，经理再三叮嘱："各部门同志一定要做好准备工作，以免到时出现差错。”李丹听了之后，压根就没有放在心上，觉得这件事情对她而言就是小菜一碟。

当大家都在着急忙慌地工作时，李丹却在心无旁骛地刷微博。当文件交到她手里的时候，她开始不紧不慢地进行装订。但是，没想到只装订了十几份的时候，订书机“咔”地一响，订书针用完了。因此，她仍然磨蹭地打开订书针的纸盒，发现里面竟然是空的。为此，她与同事们寻遍公司，也没有发现任何订书针的影子。

这时已经是凌晨一点，而文件必须在召开发布会之前发送到客户之中。这时，她才觉察到了事情的严重性。她觉得无地自容，如果这件小事都做不好的话，肯定会被同事们取笑的。为此，她几经周转，终于在凌晨四点找到一家通宵服务的商务中心买齐了订书针。买回来后，她又马不停蹄地把剩下的文件订好，在发布会开始之前交到客户手里。

自此之后，她变了，不忽略任何一件小事，用积极的心态去迎接工作中遇到的大小事宜，在自己的岗位上实现自己的职业梦想。

你要记住，工作之中无小事，每一件看似微不足道的事情都很有可能影响你的职业未来，影响公司业绩的同时也影响到你的发展。任何一件事情，只要有益于你的工作，无论大小，都应该全身心地去工作。

高楼大厦也是一砖一瓦积累而成的，用小事积累成的大事才是真正有质量的工作。一个员工有了做小事的耐心和细心，才能成就大事。

4．用100%的热情去做1%的事情

热情是一种难能可贵的品质。一个拥有热情的员工能够将自己全身心地投入到自己的工作中，无论大小事宜，他们都会集中全力去处理、去解决。热情从根本上来源于一个人自身的潜质，是一个人内心所固有的一种基因，也是一个人自身潜在的无穷无尽的财富。这样的员工，在工作中更容易取得成功，得到重用。

热情是工作的灵魂，是个人和团队成功的基础。一个充满热情的团队，不仅仅能够在团队中精诚合作，也能够更好地去享受团队合作的喜悦。如若没有热情，那么每天就会觉得工作是一件痛苦的事情。一个员工如果本身不能够热情地对待自己的工作，就算当初他信心满满地去参加工作，时间长了他就会觉得工作乏味之极。

亨利·福特曾说："我们从不把我们的工作看作是一件乏味的事情，相反却从工作中获得更多的意义，这是一个合格员工所应该具备的素质。"对于员工来说，热情就好比生命。有了热情，员工就可以释放出内心潜在的巨大能力，培养出一种坚强自信的气质和个性；有了热情，员工无论做何种工作都会充满活力，展开对事业的狂热追求；有了热情，员工会相对更容易获得上司的提拔和重用，为自己赢得成长和发展的机会。

因此，无论你身处何职，无论工作简单与否都需要你保持一颗热情

的心，哪怕是1%的事情，你也要用100%的热情去做。历史上很多成功的人士之所以能够成功，都是因为他们无论做什么事情都能够投入100%的热情。

著名人寿保险推销员弗兰克·贝特格就是一个这样的人。起初，贝特格进入一家职业棒球队，在那里待了没多久就被开除了，原因在于老板认为他打球无精打采，没有热情。这对他的打击特别大，为此他下定决心要做一个有热情的人。因此，当他再次进入球队的时候，再也不像以前无精打采，反而成为联赛中最为热情的队员。

在球场里，无论对手强弱，他都用自己的热情来踢好每一场球。他投入的球既快也有力，每每总是在至关重要的时候为球队赢得关键的一分。当时的新闻媒体报道其为球队里的灵魂。正是因为他的热情，让其不仅仅在球队有了巨大的成就，也给后来他的人寿保险推销工作创造了奇迹。

退出职业棒球队之后，他转行去做人寿保险推销工作。起初，十个月的生活让其痛苦、沮丧。后来，一位叫卡纳基的先生点醒了他。他这才恍然大悟，决心用100%的热情去从事推销员的工作中去。

有一次，他进入一个店铺，在进入店铺之前他决心用全部的热情去说服客户买保险。进入店铺，用热情的笑容来接待客户，挺直自己的身板，瞪大自己的眼睛，话语中充满坚定。客户从来没有见过这样的推销员，因此心甘情愿地买了这份保险。从那天开始，贝特格真正地开始了自己的职业生涯。他用自己100%的热情感动着每一位客户，在推销行业成为霸主。

他凭借满满的热情去工作，对自己的客户充满信心和耐心，遇到不同的客户也能够积极探索出新的解决方案。他用100%的热情去对待1%的事情，在平凡的岗位上做出了不俗的业绩，享受工作带来的美好和快乐。

你看看那些快餐店的员工，他们每天都做着同样的事情，每天重复着同样的工作。有的时候，也会遇到要求不合理的顾客，但是就算是很简单的事情，他们也倾注了100%的热情。他们永远用自己一颗热情的心来对待自己的工作，做到让老板满意、让客户满意。这才是一种敬业的态度，用自己的热情去打动客户，提升自我。

你要学会用100%的热情去做1%的事情。缺乏热情的军队是可悲的，缺乏热情的公司是可怜的。任何一支团队都需要怀着满腔热情的工作，那些在工作中奋斗和拼搏的人，内心拥有无穷的力量。在他们看来，热忱是治愈一切的良药。拥有了热忱，就会让自己的身心处于兴奋状态，用强大的力量去奔向成功。此外，这样的热情还会使他们忘记工作的烦恼，迎接崭新的每一天。

用100%的热情去做1%的事情。热情不会让你觉得工作的辛苦，甚至会让你将其当作挑战自我的平台。你的热情会在无形之中给你的工作业绩加分，也会在无形之中感染同事，让他人更能够认同你的观点。这不仅仅是一种态度，更是一种习惯。

起初对工作的新奇让你充满动力，但是时间久了你就会厌倦；起初对工作认真的态度让你赢得口碑，但时间久了你就开始马虎做事；起初愿意从简单开始，但时间久了你会发现自己不愿意去从事简单的事情，究其根源在于你缺乏对工作的热忱和热情。你应该学会让热情成为一种习惯，消除自身懈怠的心理和情绪，谋求上进，而不是故步自封，无所成就和改变。

从今天起，用热情来对待你的工作，用100%的热情去做1%的事情。这是一种职业态度，也是一种精神。

5．现在就干，马上行动

现在就干，马上行动，这是一个需要行动力的时代。马上去做，亲自去做，是这个竞争如此激励的时代对任何一个人的要求，也是一个成功人士的做事态度和理念。然而，实际并非如此。有些人在刚开始工作时不可避免地会受到某种情绪的影响，因此就会导致工作的拖拖拉拉。而这样的工作习惯一直拖沓，时间久了就会影响自己的职业生涯和前景。

一个对工作充满热情的人，做事雷厉风行，绝不拖拉。一个人应该尽早地去完成眼前的事情，否则你就会因为各种各样的原因失去了做好的最佳机会。现在就做，马上行动，不仅仅不会给你带来麻烦，相反这种态度还能够减轻工作中看似难以度过的荆棘，引领你走向成功之路。

很多时候，当你发现所有的事情万事俱备，当你开始着手去做的时候，却发现自己是白白浪费了时间。机会不等人，困难和阻力也不会因为你的拖拉而有所消退。因此，既然都是一样的，何不立即去做，改变现有的状况，让自己在解决问题的过程中感受快乐和有趣呢。这是一种工作的精神，也是一种负责任的态度，更是一种热情的工作态度的表现。

现在就干，马上行动。你永远不知道下个路口等待你的会是什么，惊喜与挑战都是并存的。

在一次关于行动力的宣讲会上，为了调动大家的行动力，让大家真正地明白行动力的效果和意义，主讲老师做了一个实验。在做实验之前，他告诉在座的所有人："这虽然是一个游戏，但是务必所有的人都认真地采取行动。我向大家保证游戏上的环节都是真实有效的，你只要记得采取行动就好了！"

主讲老师于是从钱包里拿出一张面额为100元的人民币，并告诉大家："现在我手中的这张人民币不是假币，在座的各位有谁愿意拿一张50元来换取这张100元人民币的吗？"话音刚落，在座的观众有的人摇摇头，有的人发出不屑的声音，有的人抱怨傻子才会这样做。就这样，老师接连重复了几次，仍然没有人愿意行动。

最后，一个年轻的小伙子终于鼓足勇气，跑向讲台，但是仍然不确定。正当他疑惑地看着老师和他手里的钱的时候，主讲老师告诉他："一个人要敢于行动。"终于，小伙子自信地走上讲台，用他的50元换了100元。他连自己也不敢相信一会的工夫就赚了50元。这时，台下的人都追悔莫及，但是机会是不等人的。

最后，主讲老师告诉台下的观众："这就是行动的力量。既然机会摆在眼前，你就要马上去干，立马行动。这样，你的人生才会与众不同。"

工作已然成为我们的家常便饭。每天你会遇到很多任务，只有立即行动，一件一件地去解决去处理，你才有可能比其他员工更快地接近自己的人生目标。有行动的人才会有收获，机会永远属于任何一个有准备的人。

任何一个在职场打拼奋斗的人，都应该明白行动的意义。千里之行，始于足下。一个人只有坚定地迈出自己的脚步，才能有所突破，才能有胆量迎接明日的光辉。

有个老板是一个非常精明的人，想为自己招募一些有志之士。为此，他想了一个办法，让所有的应征者用弓箭射击他所设定的目标，每个人都有八次机会。规则是谁击中目标的次数越多，谁就可以录用。第一天，20名应征者都未能射击到目标，大家纷纷无功而返。临走的时候，老板告诉他们：“你们还有机会，明天再来吧，看看你们是否能做得更好。”

结果，令老板感到失望的是只有一个小伙子来应聘。但是，这个小伙子告诉老板：“我已经准备好了，我一定能够达到你的要求的。”结果，他每次都击中了目标。老板很是惊讶，便问这个人。这个人告诉老板：“昨天我就来应聘过，可是失败了，但是这份工作对我来说是至关重要的，因为我晚上回去后练习了一整晚。我不想坐以待毙，既然是我追求的工作，我就应该付诸行动，而不是等待工作来找我。”老板听后，非常满意地录取了他。

这个小伙子能够得到这份工作，主要根源在于他拥有积极的工作态度。他能够看准自己的目标，立即行动。这是在职场中不可缺少的一种素质。

也许你会有各种理由来解释自己拖延不愿意去行动的借口，但是这样并不会使问题变得简单容易，反而会使问题复杂化。那些因为我们拖延而不能解决的问题，就会变得更加困难，为我们的工作带来不必要的麻烦。既然后果不可预知，那就勇敢地去行动。立即去做，不给自己拖延的时间和借口。

当你认准了一项工作，就要学会立即行动。任何一个管理者都不喜欢拖延的员工，拖延不会让自己更优秀，反而会让自己更加懦弱。今日事，今日毕。从现在起，就应该养成现在就干，立即行动的习惯。用习惯去改变现在，用立即行动的态度去高效率地工作，以积极的心态为自己的未来奋斗打拼。

6．时刻关注工作中的细节

“细节决定成败”，任何一份工作都是由细节构成的。一个人，就算再有能力和才华，比他人再优秀，但是如果对待工作不认真，忽略小事，那他们最后也将会一事无成。有些事情看似微不足道，但是也需要我们认真对待，用心去体会。如若能清楚一点，你的人生就会锦上添花。

细节虽然是平凡的、具体的、琐碎的，容易被人们忽视，但是其作用是不可估量的。一个看不到细节的人，或者从来都不把细节当回事的人，是一个对工作缺乏认真态度的人，对工作经常敷衍了事。这些人从来都不觉得自己应该去做这些细小的事情，但是困难、挑战大的事情又做不好。而一个经常考虑细节、注重细节的人，不仅仅会认真对待自己的工作，也会将小事不断细化，在细节中寻求成功的机会，走上成功之路。

当然，关注任何一个细节，并能正确地认识细节的重要性是一件特别不容易的事情。一个注重细节的人，一定是一个在日常生活中洞察力特别强的人，他们能够在生活中自觉地养成良好的习惯。一个人如果能自觉地做好、做细生活中的每一件事情，在一点一滴的小事情中，不断地积累，最后才能由量变引起质变。成功一定会垂青一个关注细节的人。

亨利·福特就是一个特别关注细节的人，也是在细节中改变了自己的人生。一次，福特准备去参加一家汽车公司的面试。当天，面试的人众多，在他之前几位的应聘者都非常优秀，结果都被淘汰了，他想着自己也会没戏，因此就抱着尝试的心态去应聘，看看自己与公司所期许的差距在那里。

当面试官叫到他的名字的时候，他不紧不慢地走向面试大厅，当发现公司洁净的走廊上有一片废纸，于是他自然而然地弯下腰，捡起来丢尽了废纸篓中。没想到，这个小小的细节却恰巧被公司的董事长看到了，董事长觉得这个年轻人是一个很有潜力的人，便找到工作人员看他的简历。

当他进入面试，觉得自己没有结果的时候，却被告知："恭喜你，你已经被录用了。"面试官告诉他："你之所以被录取，主要因为你是一个注重细节的人。"也正是因此，福特得以顺利进入了汽车公司，在以后的道路上不断努力超越，最后成了大名鼎鼎的汽车大王。

工作无小事，身在职场的员工都不应该轻视细节。不论你是初涉职场的新人，还是久经职场的老手，都应该注重细节的重要性。你应该扎扎实实地去工作，千万不要好高骛远，忽视了细节。有的时候，一个小小的细节会导致整个链条的失败。差之毫厘，谬以千里，任何一个小小的细节都有可能引起严重的后果，造成不可挽回的损失。

所以，无论你选择什么职业，都要在自己的岗位上注重每一个环节，也许因为这个小细节就会改变你的一生。

史蒂芬年轻的时候跟随一个裁缝师傅学习，学成后开了一家属于自己的裁缝店。无论是在学徒的时候还是在经营自己店铺的时候，他都能够认真对待每一个客户，因此店铺没开多久就声名远扬。有一次，一位叫哈里斯的太太找史蒂芬为她做一套晚礼服。为此，史蒂芬极为认真，连夜赶工，但是当他做完的时候，却意外地发现礼服的袖子比太太的要求长了半寸。可是，哈里斯太太马上就要来取礼服了，已经来不及修改了。

哈里斯太太来到史蒂芬的店中，穿上了晚礼服，对史蒂芬的手艺赞不绝口，并说："你绝对是我见过的最巧夺天工的师傅。"当哈里斯太太从钱包拿钱给史蒂芬时，他却拒绝了。他告诉哈里斯太太：“我不能收您的钱，因为我并没有按照您的要求，袖子做长了半寸。这个是我不能容忍的，如果您再给我一点时间，我一定把这个细节给改过来，按照您所要求的尺寸来。”

哈里斯太太听了史蒂芬的话，告诉他自己并不介意半寸，而且也没有影响到礼服的美观。但是无论哈里斯太太怎样说，史蒂芬都没有要太太的钱。太太只好退步，在参加宴会的路上，她告诉自己的丈夫：“史蒂芬以后必定是个大有成就的人，他对待工作极为认真，不忽略任何一个细节，这种工作态度令我感动。”果不其然，史蒂芬凭借他一丝不苟的工作态度，几年后成为服装界的翘楚。

每一个细小的事情都有可能影响、改变你的一生。在工作中，充分理解细节的重要性，把工作做到位，才能更好地去接受难度大的任务，才能更好地实现自己的梦想。

学会时刻关注工作中的细节，认真对待你遇到的每一件事情。这个世界上绝对没有不劳而获的事情。每个人的成功，都是建立在按部就班、脚踏实地的基础之上的。工作之中无小事，无论大小，都要学会认真对待，才能克服万难，取得成功。

7．用心去做好每件事情

用心地做好每件事情，做每件事情都要用心，这是一个员工应该具有的职业道德。用心做和不用心做的效果完全不一样。一件事情用心去做才能收获好的质量和高评价，才能不辜负客户和公司，反过来自身也能够得到重用。在工作中，既然选择了完成这份工作，就应该全心全意地去做这件事情，而不是走马观花。

用心去做要求任何一个员工都应该秉持认真、严谨的态度去对待自己的工作，这是职场对一个人最基本的要求。你的能力可以不比别人强，但如果你连用心工作这一点都做不到了，那你的职场之路很可能会走得很短。能力可以提升，业务可以加强，但是用心去做从根本上来说是自己的态度问题。任何人都不能帮你改变，你必须从内心深处去认识到这个问题。

一位企业资深人力资源经理认为，一个人可以学历不够，能力不够，公司可以通过各种培训提升，送他去国外进修，以提升他个人的才华和能力。但是如果他态度不端正，不能用心地对待工作，就算他是哈佛毕业的，对企业来说也是毫无价值和意义的，因为他不会把自己的能力用来工作，不会全身心地投入工作。

其实，端正自己的工作态度是一件非常简单的事情，就是要学会用心地去工作。所谓用心，就是要凡事都认真去做。一个认真工作的人，会在实现既定的职业梦想的同时迸发出惊人的能力，也会给企业带来最大的利益。任何职业，一个认真用心去工作的员工更容易得到老板的青睐和赞赏。正所谓，一分耕耘一分收获。你只要用心去做了，该收获的自然就会收获，不用心就会一事无成。

王某毕业后应聘到一家公司工作，起初他还能认真地工作，想要干出一份大事业。工作一个月后，他意外地发现公司的员工都住着公司的宿舍，而只有他一个人在外租房住。为此，他一度向经理提出住公司宿舍的要求。因为，租房子对于刚毕业的他是一件开销很大的事情，再加上每天上班的路程、车费让他吃不消，而老板告诉他不能够马上安排他住进公司宿舍，让他耐心等待。

有了这颗定心丸，他开始慢慢工作。但是一个月之后，他仍然没能住进公司宿舍，心理的不平衡使其自然而然地对工作产生了抵触情绪。他不再像以前一样认真工作，有的时候一个小小的问题都会出现一些令人匪夷所思的错误。为此，老板对其进行了多次批评。王某本来想着可以慢慢改正的，但是房子的问题解决不了总是让其觉得难受，后来业绩越来越不理想，他打算放弃现在的工作，回老家工作。

回到家乡的他，机会偶然进入一家私企工作。虽然每天都必须和全家挤在一套房子里，但是因为可以每天见到自己的家人，因此觉得非常快乐。工作上，他也能够静下心来认真完成领导布置的工作任务。同时，他也能够利用自己的业务水平和知识为公司出谋划策，为公司争取利益。

一年之后，表现优异的他得到了老板的重用。过年前，公司决定表彰优秀的员工。在表彰大会上，王某作为优秀员工代表发言。与其他员工不同的是，除去年底的年终奖外，王某还得到了公司为其额外分的一套住房。大会上给出的表扬是，他是一个用心工作的人。公司上层对其表现非常满意，希望他以后再接再厉。他万万没有想到，自己的用心工作为自己赢得了如此大的回报。感激的同时，他也在以后的工作中不断努力，超越自我，实现着自己的人生梦想。

有人曾经说过：“一个用心工作的员工，我们应该发给他双倍的薪水。”这句话告诉我们，一个企业真正的财富并不是招募了多少高学历的人才，而是招募了诸多用心工作的员工。用心工作是赢得一切的前提。

曾经有这样的一份招聘广告：“工作很轻松，但是要用心去做，尽职尽责。”由此可见，用心了才能脚踏实地、兢兢业业地去工作。一个用心的工作，会全身地投入到工作中，心无旁骛，必然是一个敬业的人。也许他们最初入职时不优秀，但是在工作中他们会认真对待，用自己的真心去做好每一件事情，在工作中不断地突破自我，寻求改变。用心来成就一切，用心来成就不凡。

从今天起，在工作中，用心去做好每件事情。不去轻视自己的工作，不敷衍任何人。要实现成功，就要学着抱着一颗坚定的心，抱着一颗敬业的心，去追求尽善尽美。无论做什么，你所谓的“差不多”都是你没有用心去做的结果。这样的你不仅仅是一个不负责任的员工，也会为你敷衍工作的行为付出一定的代价。

你渴望提升吗？渴望加薪吗？那么从今天起，就应该学会用心去工作，用心地将工作当成自己的事业，而不是为老板打工。一个员工只有尽职尽责，用心做好自己的工作，才能有所改变，提升自我的价值。

8．凡事都要做到最好

身在职场，我们不应该凭借职位高低来判断一个人的输赢，不论你做什么事情，都要记得做到最好你才是赢家。如果你下定决心要去做一份工作，那就应该尽自己最大的努力做到最好。如果这件事情一定要做的话，那也一定要将这件事情做到最好，不要用敷衍的态度对待自己的工作。你要永远记住，你虽然是一名员工，但是工作是自己的！

你也许会说你现在的能力和水平不能达到理想的标准，你现在还是一个不起眼的小员工，那也不能够灰心，任何事情都不能阻挠你对工作认真尽力去做的态度。你要记得尽力去做到最好，在完成工作的过程中不断地学习，不断地进步。放下心中对自己不受重视的抱怨，利用抱怨的时间好好地改造自己，尽力地去学习一些新的东西，尽力做到让自己的老板满意。

在公司里，如果你不想做一个不起眼的员工的话，就要学会让自己发光，否则你就会在激烈的竞争中被淘汰。努力总会有收获的。你需要足够的勇气，足够努力，将事情做到最好。终有一天，你会发现，你再也不是原来那个无名小卒，你离成功不远了。上班并非是为老板打工，而是为自己打拼，当你把这件事情当作自己的事业的时候，你才会做到更好。千万不要让沮丧成为工作情绪的主基调，你要为自己的事业拼搏！

他是一位著名的雕塑家，对待他的雕塑工作一丝不苟，就算一个细小的问题他也要求自己做到最好。有一次，一位记者去参观他的作品。当记者看到雕塑家的时候，他正在认真地修改着他的作品。记者并没有去打扰这位雕塑家，静静地观察着这位雕塑家，当他发现雕塑家所修改的作品已经非常完美的时候，雕塑家仍然在专心致志地修改，丝毫没有放弃要修改的意图。

记者实在觉得忍不住了，便轻轻地问雕塑家："我已经在这里待了有半个小时了，在我来之前您就在这里修改。我以为您的这件作品已经非常完美了，您为什么还要花费这么多时间去修改呢？"

雕塑家听了记者的话，并没有停下来的意思。他边敲打雕塑边告诉记者："是啊，这件作品在众人看起来也许觉得很是完美的。但是我所追求的并不是简简单单的完美，而是要求我自己做到最好。你看，我刚刚做的都是使我这件作品更加完美的做法。"他边指着雕塑，边告诉记者："我刚刚分别在这些地方做了润色，使这里变得更加光彩，面目表情更加柔和，肌肉更加有力，嘴唇更加富有表情，这样才能使整个雕塑看起来更加完美。"

记者听了雕塑家的话，不禁表示叹服。但是，又有些疑问，于是问雕塑家："这些作品在我们外人看来已经很好了，你刚刚所修改的这些地方对于整个作品也无伤大雅呀！"雕塑家告诉记者："也许在你们看来，这件作品的确是件上乘之作。但是，在我看来，我还可以把它做得更好。既然能够做到更完美、更好，我为什么不这样做呢？"记者听完，敬佩至极，终于明白了其作品出名的原因。

雕塑家认真的态度、对作品的要求成就了一个伟大的他。"没有完美，只有更加完美""没有最好，只有更好"都应该成为我们对职业的追求。如果在职场中竭尽全力，努力追求最好，那么你还害怕自己不能够取得成功吗?

李某是一个从事文字编辑校对工作的员工。起初，在从事文字工作的时候，他就告诉自己要尽量把事情做得足够好。但是工作一个月后，却发现自己的工作成绩总是不理想，有很多不足之处。为此，他也迷茫过，不知道该如何去改变，工作成绩逐渐下滑。后来，他的上司也发现了这个问题，便找他谈话。

在与老板交心的过程中，老板告诉他："我们做文字工作本身就是一个细活。这并不是说我们做好做完就可以了。拿一本稿子来说，你校了两遍，的确也发现了其中的许多问题，但是当我把这份稿子给了第二个人的时候，他还是能发现很多问题。因此，你必须学会尽力把事情做到更好，要知道有的时候很多细小的问题是完全可以避免的。如果因为一点细小的错误，第二个人又没有发现问题的话，那么这样的错误对于公司来说将会是致命的。我不要求我的员工追求完美，但我需要你们尽力将事情做到完美，这样你就成功了。"

听了老板的话之后，他逐渐明白了工作的意义，也认识到自己在工作中的不足和缺陷。经过一段时间的磨练和改变，他的文字校对工作做得越来越有意义，工作也越来越顺利，在工作中也找到了快乐。

因此，无论做什么事情，每个人都要学会尽力去把事情做到最好，以谋求工作达到最好的标准。真心地投入，认真地去工作。每个人都想成为行业的翘楚，这不是仅仅停留在行动上，而需要我们的热情，需要我们用一颗热忱的心去努力，去奔跑。

从今天起，努力把事情做到最好。我们要做的不仅仅是好，而是更好。相信自己，你一定可以突破的。

第五章

锻造专注之心：工作可以枯燥，但心不能浮躁

能够到达金字塔顶端的人必然是一个专注做事的人。一个专注的人，在做事的时候能够秉持一颗专注的心，摒弃任何外在的干扰，明确自己的目标，冲向终点。每个人都会选择不同的工作，工作中你也会遇到不同的问题，但是毫无疑问每个人都想做自己工作的主人，实现心中的梦想。工作也许是枯燥的，但是心却不能浮躁。唯有专注之心，才能成就霸气未来。

1. 用专业精神应对每件事

因为用心，所以专业；因为专业，所以才能做到更好。近年来，各行各业对员工专业化的素质能力要求越来越高，专业化已经成为各行各业的代名词。无论对于一个企业，还是对一个员工而言，都是取胜的法宝。专业化可以使你全身心地集中于你所从事的领域，在这个领域做到更好。

这就需要一个人无论从事什么行业都要用专业的态度去做好每件事情。教师如果没有扎实的专业素养和学科知识水平，又怎么能做好教书育人的工作，对得起三尺讲台；医生如果没有专业的医学知识和爱人之心，又怎么能做好救死扶伤的工作，对得起白衣天使这个职业；建筑工人如果不以专业的心态对待自己构建的工程，又怎么能建好一幢幢大楼。

各行各业都需要专业的素养、专业的态度。如果一个人连最起码的专业态度都没有，又怎么能在企业立足，承担该有的责任。如果一个人能在专业上突出，那么自然而然就会得到诸多晋升空间和价值，又怎么会花多余的时间去“走后门”呢？一个真正真才实学，具备专业知识和能力的员工才更容易得到领导的赏识、同事的尊重。否则，一切都是徒劳的。

一个人再怎么优秀、再怎么有能力，但是没有专业的精神，也许你会有成就，但是不能从根本上突破自身的极限。各行各业之所以有那么多精英，归根到底在于专业的力量。专业的态度、专业的知识和能力让他们在各行各业发光，成就自己的职业梦想。

英国著名的护士弗罗伦斯·南丁格尔就是因为其最初的专业态度和精神，书写了护理节的传奇。南丁格尔生活的时代是一个混乱的时代。出生贵族家庭的她并没有选择安逸的生活，而是选择为国家做事，从事护理职业。她一直相信并明白自己的职业梦想。克里米亚战争时，她向英国军方争取开设战地医院，为士兵提供医疗护理。她用资料向军方提供了之所以要开设战地医院的原因，并最后和38位护士一起到克里米亚野战医院工作。

在当时战争残酷的情况下，她和带领的护士在简陋的场合进行护理工作，医好了成百上千的伤员。她的专业精神得到了每一位伤员和军官的赞赏。有的时候，在战争激烈的情况下，她一连要站一天一夜工作。与她合作过的外科医生都高度赞扬她的专业精神。与此同时，她还用各种各样的方法来帮助伤员减轻痛苦。在她到战地医院之后，整个氛围都充满了爱意。

南丁格尔凭借超强的专业技术和责任感，用短短的三个月时间，极大地降低了伤员的死亡率。她用自己的努力向世界证明了护士的重要性。南丁格尔也因此被人们称为世界上第一个真正的女护士，开创了护理事业。今天的“5·12”护理节就是为了纪念南丁格尔的诞辰。她用她的专业向全世界证明了自己，实现了自己的价值和梦想。

用专业的精神对待自己的工作是现代职场对任何一个员工的要求。所谓专业的精神不仅仅要求自己爱岗敬业，从内心热爱自己的工作，更需要提高我们的专业知识和能力。只有具备了专业的精神和素养，我们才能够更从容地去处理工作中遇到的各种问题和困难，承担已有的责任，才能够充分挖掘我们内在的潜能，在职场中更加优秀，在职场上相对顺利。

你选择了这份职业，你需要尊重自己的职业，就要学会认真地对待自己的工作，高质量地去完成自己的工作。一个人如果连最起码的专业精神都不具备，又怎么能期待自我在职场上的大改变和突破。专业是一种态度，更是一种能力。那么具体说来，拥有专业的精神具体包括哪些内容呢？

（1）高度的责任感，它既是专业精神的最基本要求，也是事业成功的保证。既然选择了这份职业，就要本着对工作负责任的态度，承担必要的责任。一个不负责任的员工，从根本上讲也是对自己不负责任。

（2）谦虚的态度。拥有谦虚的态度不仅仅会让你保持与时俱进，时刻学习，丰富自己的业务知识和提高业务水平，也需要你在工作的时候向身边优秀的人看齐，赶超他人的时候也赶超自己。

（3）正确对待成功与失败。你要学会笑看成功与失败，明白“满招损，谦受益”的道理。成功与失败都是常事，秉持正确的对待。成功了继续努力，失败了也不气馁，终有一天你会实现自己的人生追求。

（4）准确地定位自己的方向。你一定要清楚自己人生的大方向是什么，在这个大方向的指引下定位自己的人生角色。工作不仅仅要用专业的态度，人生也应如此。要想获得成功，就要走好人生的每一步。

无论你是一名最底层的员工，无论你选择什么职业，在追求成功的漫漫道路上，你都需要秉持专业的精神去对待每一件事情，对待职业中的跌跌宕宕，对待人生的大起大落，进而成就自我。

2．工作可以枯燥，但心不能浮躁

认真负责是每一个员工能够胜任基本的职业，在职场中大放异彩的最基本的要求。一个人，可以能力不高，可以业务水平比其他人稍微差些，但这些都是可以在工作中慢慢弥补和改变的。心态在工作中是非常重要的，没有好的心态，没有沉稳的心气，在岗位上做出业绩是相当困难的。任何一个成功人士对待自己的工作都能保持最初的初心，善于调整自我的情绪，在工作中为自我发展赢得更多的机会。

天上掉馅饼的事情不实际，坐等机会也是那么的遥不可及。如果你想在工作中有所建树，就必须要学会脚踏实地，认认真真地去做好工作中的大小事宜，千万不要觉得这件事情很小而不去做。成功并非一蹴而就，如果你不能静下心来做事，就很难去认真地对待上司给你的工作，无法在短时间内高效地提升个人的能力、价值和素养。

有些人刚入职时，自信满满，但工作一段时间后，就开始变得逐渐焦躁起来，对现在的工作不满意，觉得工作内容索然无味。不能否认，这种工作情绪在工作中出现是正常的。但是，一个人不能一直保持这样一种状态，要学会静下心来重新认识自己的职业，对自身的岗位职责有重新的把握，熟练自己的工作技能，并时刻准备迎接未来带给你的挑战。面对枯燥的工作，能够静心做事是难能可贵的一种品质。

小华大学主修金融专业，大学毕业后机会偶然进入了一家商业银行分行。这样的机会和机遇是很多人都争取不来的，她自我也觉得是件非常幸运的事情。怀着对职业的憧憬和对未来的希冀，她开始了工作。最初她从事储蓄工作，后来从事维护高端客户和推广信用卡等各项个人银行产品。

在小华看来，现在她的工作很令人满意。从名校毕业的她得到了领导的厚望，又因为出色的业务成绩，在工作两年半之后就被提升为副经理，要知道这在全国各大银行都是非常罕见的。另外，因为小华在大学的时候就有担任社团干部的经历，银行内的活动或者与客户组织的活动，都是派其主持，担任策划和主持。按理来说，这样的成就应该是非常不错的，按照这样的职业发展前景，有一天她会做到更好。

但是工作三年之后，她开始厌倦了现在的工作，每天都觉得自己不开心。工作需要每天按时打卡，而且经常要晚上或周末开会，周末和节假日也总是要加班，这点让她觉得很是无奈。另外，营销也是她工作的一部分，不仅难度大，而且很枯燥，让她觉得压力很大，很难完成，她一度对工作感到厌倦迷茫。一方面，她希望自己的能力在工作中得到充分的发挥，但是一方面也厌倦了每天繁琐的制度和枯燥无味的工作。

小华的状态在职场中是一种极为常见的状态。每个人在工作一段时间后，都不可避免地失去了对工作的新鲜感，逐渐变得浮躁或焦虑不安。当你有了这些状态之后，不要立即去换工作，要告知自己这都是正常的心理状态。但是，我们不能任由厌倦情绪发展，如果不能及时地进行调整，这种厌倦情绪就会影响你的工作，你不再像以前那样积极主动，反而消极怠慢，拖拖拉拉。这样的状态不仅仅是在浪费个人的时间和经历，也阻碍了自己的职业的发展。

一个认真负责的人，哪怕今天是他任职的最后一天，也不忘初心，秉持认真的态度，完成今天最后的工作。他们会把最后的工作做好，做好工作的交接工作。这种职业态度是现在任何一个企业都需要的，这样的员工更能得到上司的青睐和看重。

一个认真负责的人，哪怕因为某些外在的原因或者时间长的原因出现了一些负面情绪，也逐渐学会调整自我的情绪。他们会找寻各种方式，如运动、旅游来为自我寻求改变的机会。这样的员工会静下心来，提醒自己的职业梦想和追逐，然后给自己一个平复心情的机会，最后以饱满的热情来对待自己的工作。

一个认真负责的人，无论选择了何种职业，难度大也好，枯燥也罢，都会调整自己的状态，投入自己的热情和努力，开创出属于自己的新天地。在职场中，他们更相信自我的信念，相信信念的力量。他们相信只要付出就会有回报。

当你在工作中出现了浮躁的情绪时，记得提醒自己的职业梦想。在职业梦想中，用信念的力量来平复你的状态。你渴望获得成功，渴望获得掌声，那就去努力改变你现有的状态，用一颗平静的心去对待你现在的工作，而不是因为浮躁而敷衍了事，不认真地去对待现在的工作。

每一份工作都有其存在的价值，也许枯燥，也许难度大，但这正是考察你的机会。你要学会利用它，让其成为改变你状态的契机，学会在职场中挑战自我，做一个认真负责的员工，成就自我。

3．把精力放在最佳位置

的确，因为某种原因你可以选择各种职业，满足最起码的物质财富需求。每天上下班已然成为你生活的一部分，每天的生活本就如此单调。大多数人都保持着这样的一种工作状态，为工作而工作。但是，你在追求自己的工作状态和职业梦想时，恰巧忽视了一个问题，你的强项是什么，你擅长做什么？你是否将你的精力用在正事上，放在了最佳位置。你要记住，在你所从事的工作中，必须是所有事业中你最有可能胜任的。

这就告诉我们，职业选择的重要性。如果你是一个富有才干的有志之士，但是却把所有的精力都放在了一些低微的工作上，淹没了自己的才华，那你又怎么能实现自己的梦想呢？如果你是一个怀揣着救死扶伤梦想的医生，但是却把所有的精力都放在了教书育人上，淹没了自己的职业梦想和追求，你又怎样能实现自己的人生抱负呢？

当然，如果你的职业选对了，职业本身也是你喜欢的，那就需要你全心全力地去做这件事情，而不是敷衍了事、做一天和尚撞一天钟。对你而言，一个适合你的职业就是符合你的兴趣，促使你不断进步，并为之不断奋斗的职业。这样的职业会让你对自我的工作充满兴趣和动力，让你更加坦然地去明白职场中出现的各种问题，让你更加从容地去面对挑战和困难。在这样的情况下，你会不断地努力和付出，拼搏实现自己的职业梦想，走向成功的巅峰。

王倩是一个婚礼策划公司的策划专员，因其优异的成绩和表现受到了领导的重视。她是一个多才多艺、爱结交朋友的人，工作业余时间她喜欢徒步旅游，享受大自然的美好。她喜欢现在的工作，喜欢和客户交流，为他们设计不同的婚礼。在工作中，她用自己的热情和大方去结交每一个与她相处过的客户，她可以认识不同行业、不同层面的人。而她现任的男朋友，也是经客户介绍的。因此，她非常感谢现在的工作，也在工作中得到了很多快乐。

但是，工作也有令其心烦和讨厌的时候。她不喜欢工作中频繁的会议，不喜欢写总结报告，觉得任何一次新人的报告都是千篇一律，太呆板、枯燥、繁琐。另外，起初，她觉得公司的老板挺好相处的，但是时间长了就发现上司是一个很难相处的人，她也经常听到周围的同事说不想做了，要换工作之类的话，觉得工作气氛和环境很不舒服。但是，令她感到意外的是，同事们都能够认真地去工作，而只有她不能认真地去工作。

后来，和她一块共处的一个同事告诉她，你的精力集中点不一样。你的创意设计很优秀，而且你本身能力和素质也不错，却把焦点放在了对老板的抱怨声中。这样做不但不会缓解你现有的状态，反而会让她更加厌倦自己现在的工作。王倩听了之后，她静下心来，开始反思自己，告诉自己要把精力放在工作上。

有了同事的提醒之后，她开始逐渐改变现有的状态和情绪，用笑脸来迎接每一天的工作。在工作中她用自己精益的设计来策划每一对新人的婚礼，逐渐收获了快乐。一年之后，她因为出色的表现被总公司调走，她因此更加努力，在快乐中实现自己的职业梦想，全心全意地去工作，做出一番业绩。

实际上，在工作中会发生许多偶然和意外的事情，都会成为影响你职业心态的因素。但是在遇到这样的问题时，何不静下心来，认真地思考以下问题：我应该把精力放在哪一方面呢？这些因素相对于工作而言是否占了很大比重？怎么样才能使我自身的潜力得到最大的发挥？你该如何去做，才能更容易地获得成功，而不是让这些外在的因素成为你工作的牵绊？清楚了这些问题的答案之后，你就该清楚如何去做了。

此外，在你工作中遭遇坎坷和荆棘的时候，你又应该怎样去做？一个人最大的弱点就是遇事犹豫不决。其实，凡事如果你有能力去解决，你有能力去挑战，就应该选择义无反顾地去挑战。你要将自我的精力放在最佳位置去解决问题，而不是放在那些无谓的担心和忧虑上，这样做只会妨碍自己的未来和前程。只有将精力集中的人，只有那些敢于打拼的人，才能在职场中获得收获。

那么，我们如何才能将精力放在最佳位置呢？

首先，选择一个适合自己的职业。适合的职业包括适合自己发展的环境，符合自己的兴趣，有益于自我未来的发展，这样你能够更加从容地去工作。

其次，选择了职业，就要全心全意地去工作，摒弃任何外在的因素。那些所谓的工作中的偶然因素你都要学会努力辨别，而不是成为你的牵绊，要做一个认真负责的人。

最后，笑对成功与失败，成就职业梦想。成功固然是喜悦的，失败也没有关系。你要学会勇敢地面对职场中的胜败，让自我更加淡定，坦然地去处理，而不是将精力放在自己的心情上。

4．能干还不够，还得愿意用心干

在职场中，很多员工都会受到老板这样的指责：你本身是个能力很强的人，而且也集中全力去做这件事情，每次我都对你抱有很大的期望，但你交上来的结果却不尽如人意，你有没有反思过根本原因呢？这种情况非常常见，也是上司对员工很无奈的一种现象，你不能否认他很能干，但是结果总是让上司大失所望。其实，问题在于他们虽然很能干，态度也很好，但是却没有用心去做。

一个人能不能干是一种能力，能否用心去干从根本上讲是一种内心的态度和抉择问题。很多时候，你发现自己全身心地投入自己的工作，但是却没有真正用心地去做这份工作。一个真正用心的员工也许能力欠佳，但是会凭借一颗负责任的心，在完成工作的时候努力提升自己的业务知识和能力。他们相信自己的用心可以改变现有的状态，也会让自我更加从容，向领导提交满意的答卷。

蔡学恩是湖北省获得司法部授权的“部级文明律师事务所”荣誉称号的人，他之所以能有这么大的成就，都是源于他年轻的努力工作，用心工作。20世纪90年代，那一年他刚刚考取了律师资格证。一次偶然的机会，他听说司法部正在举办中国首期证券资格律师培训班。如果能把握这次机会，他就可以拓宽自己的职业生涯。

第二天他找到主管培训的处长，希望能够参加培训班。但是，他却遭到了拒绝。参加培训班的人都是资深律师，对于一个大学生而言根本是不可能的。尽管蔡学恩想尽了各种办法，还是遭到了拒绝。但是，坚定的他并没有因此放弃，反而更加努力。培训班开课的那天他来到培训地点，但是却被拒之门外。

正当他迷茫的时候，他看到工作人员正在搬培训资料，于是便去帮忙。将资料从一楼搬到六楼是个体力活，但是他不想放弃，反而比别人更加努力。功夫不负有心人，快搬完的时候遇到了处长，处长看着汗流浃背的他，甚是感动，最后默许他旁听，但是明确告诉他就算你通过考试也不会有资格证的，你所有的付出都是无济于事的。

可是蔡学恩不相信自己的命运，他相信自己用心努力去做可以改变一切。三个月的培训，刮风下雨，从不间断。夜以继日的努力终于得到了见证，最后考试他拿到了全班前三的成绩，让其他资深的律师都感到羞愧和震惊。蔡学恩自己都不相信自己的成绩，当天他拿着成绩去找了处长，处长也是被他深深地打动了。最后，处长向领导汇报了这一情况，而蔡学恩也破格地拿到了资格证。

后来，他不断努力，超越自己，在律师界书写自己的传奇。他用自己的经历告诉我们只要用心去做，任何事情都是可能的。而十年之后，他因此两次当选为“湖北省十佳律师”，还被评为“湖北省十大杰出青年”。这就是蔡学恩用心努力的结果。

一个人有能力固然很重要，但是还必须学会用心去干。一个员工要做到用心，就要将工作当成提升自我能力的平台，在工作中加强学习，提升自己的业务水平和能力，做到精益求精。一个员工要做到用心，就会秉持积极的态度和高度的责任感，为工作负责、为自我负责。这样的人无论从事何种职业都会真正做到干一行，爱一行，将工作当作自我的事业，就算是再简单的事情也要做到尽善尽美。

甲、乙两人是工作中的好搭档，也是私下的好朋友，两人同在服装公司工作。为了有更好的发展前景，两人从服装公司辞职，经营网店从事服装销售。一年之后，甲的生意非常红火，并开了几家分部，而乙的网店经营状况不甚乐观，销路不好，还没有其在公司的时候前景好。

两人都是从早忙到晚，很辛苦，但之所以有这么大差距的原因在于，甲比乙更加用心。甲在经营网店的时候首先清楚自己的客户范围，从网页设计到穿衣品味、风格都符合当下的潮流，并凭借自己多年在服装公司的人脉关系拓宽进货渠道。与此同时，在经营过程中，她还不断地调研，看看其他网络店主的经营模式和方式，所以小店经营得风生水起。

乙看着也努力了，每日也非常辛苦，但是并没有用心去做。网络店铺的设计、服装都非常单调，这就让自己在多方面比甲差。一年之后，由于经营不善，她只能再寻出路，走上打工的道路。

实际上，如果你把心思放在工作上，用心去做这件事情，你就会从工作中找到很多方法去解决问题。只要用心去做，再困难的事情对你而言也只是小菜一碟。

现在社会需要的不仅仅是能干的人，更需要用心的人。真正有成功的人，一定是那些既能干又用心的人。他们充满热情和动力，要让自己的事业锦上添花。

5. 从细节入手，打造专注精神

成功的关键在于关注在重要的事情上，而成就一切事业必需的本领是专注。所谓专注，就是朝同一个方向做持续不断的努力，无论眼前的工作大小，都能将意志贯注其中，就是一心一意，认真而用心地去做一件事情。一位著名的企业家曾经说过：“一个人要想在职场上有所收获，就必须要从细节入手，认准一个方向，培养自我关注，持之以恒的恒心。这在工作中是非常重要的。”

你拥有一份工作不代表你就会成功，职场中有很多机遇，你是否能把握机遇，创造奇迹？有些人一辈子都在追寻，都在选择，等到发现机遇就在身边的细节的时候，却为时已晚。所以，你需要把一件事情做好，专注地去做一件事情，从细节入手。与此同时，这也是当下社会分工日益精细的要求，专注精神已经成为时代的代言词。

任何行业都会出现许多优秀的人才，归根到底在于专注的力量，他们能够专注地去做一件事情，成就自我。在现实生活中，很多人始终在失败的漩涡中挣扎，他们并非不努力、也并非不用心，但是唯一的原因在于缺乏对细节的关注，没有在细小的事情上下功夫，眼高手低，这样就导致了错过了大好的机会。有的时候不用贪多，细节决定成败，专注让你更加充满自信，做好自己的本职工作。

在酒店服务中有一个非常著名的公式：100-1=0。这个公式告诉我们，酒店服务虽然只是服务业，但是由于它的不可储存性，决定了酒店服务中的每一个细节都不能出错，一个小小的问题和环节都会导致整个服务出现问题。因此，要做好酒店服务行业，并不是你想象得那么简单。酒店本无大事，但一件小事做不好，都会影响到整个酒店的口碑及服务质量。任何一个酒店服务人员都应该明白这个道理，这样长此以往你就会不断升职，获得老总的赞赏。

张晓是某酒店大堂的服务人员，工作中认真严谨，正是因为细心和专注，她现在已经成为酒店的部门经理了。有一次，一位客人走进酒店的商务中心想在前台订一张飞机票。不巧的是，当时有两位客人正在查询航班。张晓立即站起来用眼神示意这位客人，稍等片刻，等前面的两个人弄好了，就给您定。

这位客人也不着急，就在旁边的桌子上坐下来随手拿起一份报纸以打发这无聊的时光。当两位客人在商讨搭乘哪班飞机的空隙，张晓发现客人看报纸稍微有点吃力，就将酒店事先备用的老花镜递过去，并再次向客人致歉，让客人稍等。客人对张晓这么细心的举动深深地表示感谢。

大约五分钟后，张晓立即为这位客人服务，为其订购了当晚的航班，但是当傍晚的时候，张晓在为其他客人订票的时候看到由于天气原因航班推迟，于是她立即给客人打电话，但是客人已经在赶往机场的路上了。听到消息后客人当时有点心情不好，但是也并未责备酒店的服务不好，毕竟是突发状况，在坐飞机的时候也是常有的事情。

后来，这位客人在机场附近找了一个酒店住下。张晓害怕客人年龄大，飞机误点，因此将第二天的航班信息用短信的方式来告知客人。等到第二天的时候，在飞机起飞之前，又发了一个提示信息。客人回复给张晓：“谢谢你们周到的服务，下次来出差还会去你们酒店的。”张晓看到客户的回复，非常开心。也许对于客人来说不是什么，但是对于她来说，这却是非常敬业的专注精神，用细节来成就自己的职业未来。功夫不负有心人，她的专注和细节的服务得到了领导的一致好评，也为其升职带来了很大的空间和机遇。

各行各业都需要锻造专注精神，都需要认真向目标努力，从细节入手找到合适的机会，让自我大放异彩。细节是平凡的、琐碎的，很容易被人忽视，但是其作用却不可小觑。那些职场中的成功人士成功的原因不在于把大事都做得特别好，忽视了细节，而在于将每个细节都做到非常完美。在细节的基础之上，他们能够培养自我专注精神，迈向成功的道路。

细节决定成败，专注造就未来。真正成就一个伟大人物的是专注。一个人在职场中具备专注的精神，专注于自己的职业，就能用真诚的心深入到每件具体事项，任何死角都不放过。他们能够用专注精神关注细节，在各方面达到非常精确的地步，逐渐成为一名专业人士，成为行业数一数二的精英。

因此，现在的你需要先给自己定一个目标，从小事开始，从细节开始，打造专注精神，然后持之以恒地去奋斗、去打拼，让时间去改变一切，让细节成就伟大。一个人只有从细节开始，专注自我的领域，才能真正地把握机会，实现自己的梦想。

6．不浮躁，做事要沉得下去

我们经常会有这样的状态，内心的一种声音让我们无法安心地去做事。有过迷茫，有过惶恐不安，我们想寻求内心的突破，告诉我们一定要坚持下来。但是由于各种各样的原因，这种心态不可避免地影响了我们的生活和工作，它就是我们成功的最大敌人——浮躁。浮躁使得我们迷失了自我和方向，心神不定，不能够静下心来去做事；浮躁使得我们无法坚持去做一件事情，失去了恒心和毅力；浮躁使得我们怀疑自己努力的重要性，幻想着“天上掉馅饼”的好事。

这种心理情绪不会让我们收获自己想要的，还会让我们失去很多，影响未来的生活和工作。因此我们必须要学会拒绝浮躁，在专注中做事情，将自己的心沉下来。罗马建成非一日之功，你必须学会拒绝浮躁。这要求我们做一件事情不需要贪多贪大，做事要静下心来，脚踏实地，不好高骛远。学会拒绝浮躁，你才能秉持一颗冷静的心，运用破釜沉舟的力量，阳光地面对每一天的生活和工作。

当然，不可否认的是，浮躁这种状态每个人都会有，在我们的生活和工作中是不可避免的，但是你要学会进行适当地自我调整。一个人，只要坚定自己的目标和理想信念，努力在工作中蜕变自我、提升自我，就能够改变现有的状况，那些成功人士的小资生活对你而言将不再是奢侈品。

阿里巴巴的创始人马云就是一个足够冷静、专注不浮躁的人。当初马云还是一名大学老师，一个月拿着微薄的工资，仅够养家糊口。但是，马云从小就是一个非常专注的人，虽然只有八九十块的工资，但是他很努力，要做一名优秀的教师。后来，一个巨大的诱惑摆在了他面前，他开始了动摇。

原来，深圳一家单位邀请他加盟公司，并给他开出了一个他无法拒绝的条件，一个月工资1200元。马云心动了，要知道他辛苦一年多才能挣来1200元，他开始迷茫。后来，他把这个想法告知了他的恩师，并告诉恩师他不安于现状，想要干一份大事业，离开现有的工作，去加盟创业。恩师听了马云的想法，并没有对其进行批评教育，毕竟也是一件好事。但是，他告诉马云："你可以去创业，但是要等到五年之后，才能出去创业。"

马云听了恩师的话，起初并不明白，但是出于自身职业的要求以及对老师的尊重，他答应了这个条件。就这样，马云在平淡中度过了两年。过了两年，海南一家公司找到马云，又给出了他一个诱惑的条件，那就是月薪3600元。面对诱惑，面对承诺，他决定坚守自我初心的承诺，在学校里待了五年。

然而，这五年马云并不是一事无成，除去认真地履行好当老师的职责和义务之后，他也找好了自己的创业方向。怀揣着梦想和追求，他离开了学校，用沉稳的心态开始了自己的创业生涯，造就了无人企及的成功。

当初的马云失去了很多利益，但是却能用五年的时间学会了终身受益的东西。创业之初，有过怀疑，有过挫折，但是他都能静下心来，拒绝浮躁，一步一个脚印，书写自己的神话。

面对纷繁复杂的社会环境，面对竞争如此激烈的当下社会，每个人都会出现浮躁的情绪，都会在自己的工作中出现迷茫的情况。那又该如何避免出现心神不宁、焦躁不安的心理状态呢？这既是对我们自我的一种挑战，更是一种对自我职业的一种挑战。

首先，在专注中充实自己的专业知识和能力，提高自我素质。也许你在大学里是个非常优异的学生，但是进入社会职场，对你个人能力和素质的要求也会相应地有所提高。所以，你必须充实自己，不能放弃学习。你可以向身边优秀的同事请教，与此同时也不能忘记各种信息技术的重要性。这样，你才会逐渐地去接受新生事物，在创新中成就自我。

其次，谦虚做人，理智做事。世间万物都处在不断地变化和发展之中，山外有山，人外有人。一个人千万不要抱着自骄自大的心态，要学会不断地完善自己，不断地超越他人、超越自我。我们要扎扎实实地完成我们工作的每一步，让自己在工作中内心得到安定。

再次，着眼于现实，知己知彼，百战百胜。遇到事情和问题时，不要总想着这件事情完成不了、解决不了，要学会思考，从现有的实际出发，用自信、乐观、积极进取的状态来面对每一天。了解他人，了解自己，方是王道。

最后，沉下心来，沉淀自我。无论外界的事情怎样变化，你都要学会沉淀自我，学会保持一颗平和的心，习惯等待。所有的努力都会得到公正的对待，你需要的只是时间。在等待中蜕变，在等待中成就自我。

学会拒绝浮躁，保持清醒的头脑，保持冷静的心态，让自我的能力在冷静中绽放异彩。一个人只有学会静下心来，避免浮躁情绪，才能在工作中做得更加出色。一个人的内心假若能足够坚定，就能不断地提升自我，就能沉下心来，挖掘自身的潜力和素质，成就更好的自己。

7. 逾越“心理高度”：不给自己设限

要想成为一个成功的人，就要学会突破自我，在人生的道路上不断打破极限，成就更好的自己。但是，实际上并非如此。在生活中，我们经常会听到这样的抱怨：我不行，这件事情以我的能力怎么能做得到呢？其实，你所谓的不能突破自己不是你能力不行，而是你从一开始就为自己设定了某些局限，有了这些局限你就不愿意再去努力突破自我了。这从根本上讲来说是一种设定的“心理高度”的表现。

众所周知，跳蚤是一个能跳得很远很高的微型生物。有一次，实验者做了一个实验，却发现并非如此。实验者将跳蚤放在容器杯里，并在杯子上放了一个玻璃板。这时，实验者猛拍桌子，为此跳蚤受到惊吓猛然跳起，自然而然地就撞到了玻璃板。实验者反复拍桌子，发现最初跳蚤还会碰到玻璃板，但是几次之后逐渐适应了环境，将跳得高度调整不碰着玻璃板。

后来，实验者再次降低玻璃板高度继续之前的实验。最后，实验者惊奇的发现，无论他再怎么拍桌子，跳蚤再也不跳了。

这个实验告诉我们，其实跳蚤不是不再能跳到之前的高度，而是因为某种原因的限制，给自己设定了限制，结果再也突破不了自己的极限。道理对人也是如此。有的时候，并非我们突破不了自我的极限，而是在做某件事情之前，我们在内心深处早就为自己设定了一个“高度”，并告知自己这么大的困难自己压根不能突破。这样反复下来，一个人长期受到这种“心理高度”的影响，无法突破自己，进而无法在职场中取得成功。

你看看那些古今中外的成功人士大多都是那些敢于打破自我局限的人。他们不服从命运的安排，不相信一辈子就会在平庸中度过，反而更加努力、更加执着。他们对自我有很好的认识，但是不会给自己设定任何局限，反而获得无限的可能性。每个人都会造就奇迹，关键在于你如何打破自我，如何实现梦想。

有这样的一个寓言故事。青蛙们为了证明谁更加优秀，于是组织了一场奔跑比赛。比赛规则是谁最先到达远处高耸的塔尖，谁就是青蛙之王。比赛开始了，青蛙们信心满满。起初，大家争先恐后，都着急地想要冲向终点，证明自己的实力和能力。爬到一半的时候，很多青蛙就开始怀疑自己是否能够达到终点，觉得这是件不可能的事情。

与此同时，周围有很多围观的观众说：“这不是开玩笑嘛，我们爬上去都那么难，更何况是青蛙呢？无论如何他们也不会到达高耸的塔尖的。”受这样情绪的影响，一些青蛙逐渐泄气，行动明显迟缓并减速，很多青蛙甚至在快到达的时候放弃了，实在是太可惜了。

但是，当所有的青蛙都停下来的时候，大家却发现有一只青蛙正在奋力往上爬，丝毫没有停下来的意思。最后，它凭借坚强的毅力和必胜的决心到达了塔顶。后来，大家去问胜利者，你为什么能够坚持到最后？结果却惊讶地发现胜利者是个聋子。

在比赛中，起初很多青蛙都自信满满，但是到一半就开始怀疑自己，加上观众的闲言碎语，因此在无形中就给了自己诸多心理暗示，因此他们放弃了成功的机会。相比之下，那只耳聋的青蛙听不到任何的声音，内心也足够坚定，没有为自己设定任何限制，最后称为青蛙之王。因此，如果你能专注地去做一件事情，朝着既定的方向努力，不为自己设定任何“心理高度”，你也是人生的赢家。

每个人的人生都是有限而短暂的，因此为了享受生活带来的美好和挑战，我们必须学会跨越自我的心理高度，找到突破的大门，去发现更美好的人生，创造更有价值和意义的人生。你想成功，想成为业界的顶尖高手，没有努力，不去突破自我从根本上来说是不可能的。只有学会突破，才能突破人生的高度。

约翰·歌德二十岁之前是一个一事无成的人，得不到大家的认同，有过沮丧和迷茫，为此他试图去改变现有的状况。他开始不断地充实自我，提高自我的能力。他下定决心不要再过像之前那样的生活，他告诉自己一定要努力，要改变自己。为此，他不理会他人的怀疑，为自己设定了一百多个具体目标，并下定决心付诸实践，将梦想变为现实。

其中，他有一个伟大的目标是成为一名亿万富翁，在他人看来，这压根是不可能的。但是他却不服输，他要打破自己的极限。几十年后，他已经是富甲一方的大亨了，实现了95%的目标。然而他依然努力，他相信自己的潜力会是无穷大的。

由此可见，逾越心理高度是走向成功的法宝。因此，在以后的工作中，你要学会不断地鼓励自己，不要为自己设定任何外在的限制，学会摒弃外在的声音，告诉自己你能行。

从今天起，学会积极地面对生活和工作，学会突破自我设定的“心理高度”，打破自我的极限成就未来。这个世界上永远没有不可能的事情，所有的可能都是在突破自我中实现的。所以，努力地去面对每一天的生活，打破自我，创造奇迹！

8．敬业的心做专业的事

所谓敬业，顾名思义，是指专心致力于工作。它是一个道德的范畴，是一个人对自己所从事的工作负责的态度。没有敬业的精神，就无法得到大家的认同，就无法提高自我，无法增长自己的专业知识与技能，也无法做到专业。这是一个身在职场人士所必须秉持的态度。只有敬业，秉持对工作负责任的态度，才能在打拼与磨难中成为行业精英。

而所谓的敬业，不仅仅是指每天上下班不迟到不早退，而是对自身工作的一腔热忱。爱因斯坦曾经说过："我认为，对于一切来说，只有热爱才是最好的老师，他远远地超过了责任感。"一个人不论从事什么行业，首先必须热爱自己的职业。而热爱自己职业的动力来源于自身对工作的热爱。如果你不热爱自己的工作，又怎么能够全身心地投入到工作中，用敬业的心去做专业的事情呢?

也许繁忙的工作会让我们感到疲惫，但是所有的付出和努力都是值得的。敬业不只是每天按时地完成领导布置的任务，更应该是一种默默的无私奉献，是一种潜在的精神力量。的确，这个世界上有无数平凡的岗位和职业，也许很多工作会给你带来难以挑战的高度，但是这些也会给你带来强烈的责任心，会让你用更加专业的态度去做自己的工作。工作不仅要做，还要做到专业、做到更好。

杨轩在某家银行工作，每天都会遇到形形色色的人，跟各种各样的顾客打交道。有的时候遇到一些难缠的人，问题并不是出现在他的问题上，事态的发展也会不受其控制，顾客说些难听的话也是家常便饭。但是，每每杨轩都能够保持十分冷静的心态，本着对工作负责任的态度，用敬业精神诠释了其工作的意义和价值。

有一次，一位打扮时尚、穿着光鲜亮丽的客户来银行存钱。客户告诉杨轩存10万元，但是当杨轩把钱放在点钞机里放了数了好几遍的时候，却始终差100元。而女客户却始终不相信，告诉杨轩出门的时候自己早都数好了，一定是他在暗中做了手脚，并告诉杨轩“我要找你们经理投诉，就没有见过你这么不负责任的员工。”

旁边等待办业务的客户都替杨轩打抱不平，后来女顾客身后的一位老人提醒她是不是放在钱包里没取出来。结果，女顾客果真找到了100块。本以为事情就在这么和平的情况下解决了，但是这位客户仍然在胡搅蛮缠，觉得杨轩耽误了自己的时间。此时的杨轩已经非常崩溃，但是他告知自己，自己是银行的员工，不能因此损害银行的形象。

正是在这样心态的督促和影响下，他笑着给女顾客办完了业务，并将她送出门。后来，这位女顾客再次来办业务的时候，依然是一副得理不饶人的态度，仍然点名要杨轩为其服务。而杨轩也并未因此生气，却一视同仁，热情周到。

周围的同事见状，问他：“你为什么能够做到这样呢？”他告诉同事：“因为这是我自己的工作，我在银行这个岗位上，我就必须做到爱自己的岗位。我必须以敬业的态度来对待工作中出现的各种问题，这样才能彰显我的专业和素养。”也正是因此，杨轩敬业的态度让其能力不断提升，在两年之内他就被提升为副经理。

杨轩所能做到的正是一种敬业的表现。在他看来，就算工作中遇到再大的困难，就算受到再大的委曲，也不能忘记敬业和专业的准则。一个敬业的人能够在职场中不断提升自我，不断拓宽自己的职业道路，在平凡的岗位上做出非凡的业绩。

苏洁是一家企业的职员，两年前与其他应届毕业生一起进入公司。起初，她工作兢兢业业，受到主管人员的认同，被提拔为公司高级主管。但是，后来的她却不像之前那样认真了，总是抱怨事情太多，做事也不专业、不敬业。

公司人事部门调整，新董事为了更好地了解员工以及公司管理阶层的状况，于是便以“员工”的态度对大家进行考核。在与苏洁进行接触的过程之中，她发现苏洁总是在抱怨公司待遇不好、福利不好。新董事原本以为这种现象只是暂时的。没想到时间久了，董事发现苏洁的状态依然如故。

一次，董事以小组的形式和她出去采购产品。在采购产品的时候，她抱怨这份工作本就不应该她做，于是本着不负责任的态度购买了一些质量低劣的产品，也并未听董事的劝阻。结果，董事长正式上任后，第一个要求是开除她，原因是因为她不敬业，不能够专业地去做好自己的本职工作。而此时的苏洁做过多的解释也是苍白无力的，只能重新开始。

敬业是每个职场人士都必须具备的素质。只有学会敬业，才能以饱满的热情和动力去对待自己的工作，竭尽全力去打拼自己想要的生活。没有了敬业，这个员工就不是一个负责任的员工，不是一个合格的员工。

你要学会敬岗敬业，热爱工作，用热情来面对工作中的每一天。用敬业的心来做专业的事情，你所收获的不仅仅是成功，还有快乐。

第六章

多点奉献之心：敢于付出的人会收获得更多

付出不一定有收获，但是不付出一定不会有收获。我们经常听到这样或那样的抱怨，抱怨命运的不公，抱怨上天的不公正，其实不然，所有的没有得到主要原因是付出还不够多。付出才会有收获，我们应该拥有一颗奉献的心，用奉献去感动身边的一切，去得到本属于自己的幸福和成功。

1．爱岗敬业是基本的工作要求

从古至今，爱岗敬业一直是一个永恒的话题。朱熹曾经说过：“专心致志以事其业”，其意思是说对待自己的事业要敬业。随着时代的变迁，人们不断地赋予爱岗敬业以新的内涵。当前时代的发展和进步，任何一个成功的企业都将“爱岗敬业”作为员工的基本素质。爱岗敬业精神不仅推动人类社会进步，也是社会对从业人员最基本的职业道德要求。

爱岗敬业是一种认真严肃的态度，对待自己的工作认真负责、一心一意、任劳任怨、精益求精。无论在任何时代，爱岗敬业都能表现出基本的作用。任何一名员工在自己的岗位上都应该尊重自己的工作，认真地履行自我的岗位职责。爱岗敬业从字面意思上有两层含义。所谓爱岗就是热爱自己的工作岗位，热爱自己的本职工作；敬业，就是以极端负责的态度对待自己的工作。敬业的基本意思就是恪尽职守，大致包括两个内容：一是尊重自己所从事的工作，并引以为豪；二是深入钻研探讨，力求精益求精。之所以要爱岗敬业，主要由于以下两个方面原因。

一方面，从个体生存和自我职业发展空间而言，是人类得以在职场中大放异彩的需要。一个人的能力和素质需要一个平台得以展示，而工作则是最好的平台。它能使一个人的潜力得到最大的发挥，实现自我的价值。所以，如果你当初选择了这份职业，选择了这个工作岗位，你就应该珍惜与热爱。当然，你不可能对自己工作中的任何事情都满意，满意都是在相对情况下而言的。

另一方面，从社会发展和进步来看，爱岗敬业是当今社会发展的需求。这个社会有千万种职业供你选择，各行各业无所谓卑微，无所谓低贱，每一份工作都有其存在的价值。各行各业都有人去做，都有衡量你是否是一名优秀的职业者的标准。自古以来，敬业就是中华民族优良的历史传统。一个人只有做到敬业，才能用认真负责的态度去对待自己的工作，才能在平凡的岗位上做出不平凡的业绩。

任何职业或公司，都需要员工有一颗敬业的心。一个没有爱岗敬业员工的企业是可悲的。没有敬业，一个企业就无法生产出质量好的产品；没有敬业，企业就无法为顾客提供高质量的服务；没有敬业，企业就无法屹立于市场之林。爱岗敬业带来的影响不仅仅是企业的效益，还会让自我更加热爱现有的工作，在工作中承担责任，造就自我。

爱岗敬业的人也许在最初会没有得到老板的重视，但是却对得起自己的良心，赢得他人的尊重。你也许羡慕他人采取了一些不光彩的手段晋升职位，但是他们的行为却得不到大家的尊重，无形之中就为他自己的成功之路带来了诸多障碍。所以，爱岗敬业需要我们坚持自己，用认真负责的态度去迎接最好的未来。

不论你在什么行业身居何职，都必须要养成敬业的习惯。一个人敬业也许短时间内不会有收获，但是随着时间的流逝和自我的努力，所有的付出都会得到公正的对待。

快递行业是最累的行业，更需要员工非常认真，一个细小的差错就会给企业和员工带来负面影响。每逢节假日，各大电商搞活动，快递行业就成为了最忙、最累的时候。如果快递行业的员工们不能够本着认真负责的态度去对待自我的工作，那快递行业必定是一团乱麻。

小李是一名普通的速递员，基本工资很低，每个月的工资都走的是计件工资，有的时候必须非常努力才能拿到一部分奖金。但是，无论他的工作有多累、任务有多么重，他都本着认真负责的态度来对待自己的工作。每逢节假日是他最忙的时候，有的时候连一口水都喝不上，但是为了将快递准时送到顾客手上，他从来都没有抱怨过。

在他看来，虽然他只是一个普通的快递员，但是却有着不同的意义。20岁进入快递行业的他，一干就是好几年。当初送快递的时候送错、丢失物品都是常有的事情，但是他从来都没有抱怨过。他在自己的岗位上不断地磨练自己，告知自己有一天要开一家属于自己的快递公司。

五年之后，他已经褪去了当年的稚嫩，现在的他已经有了自己的公司，管理着几十个人，每每看到公司送快递的员工，他都回想起从前的自己，告知员工们一定要热爱自己的岗位，做一个爱岗敬业的员工。

每个人都有自己的梦想，为了梦想，我们不断努力不断地奋斗。既然选择了这份工作，就要学会认真负责，正确对待工作中的成功与失败。那些爱岗敬业的员工，一生默默付出并非平庸，而是为了未来更好。

今天工作不努力，明天努力找工作。爱岗敬业不仅仅是时代的要求，更是自我生存和发展的需要。任何一个人都必须在自己的岗位上兢兢业业、认真负责，才能在激烈的人才竞争中站稳脚跟，才能实现自我的价值。

2．认真负责的人到哪里都受欢迎

俄国作家托尔斯泰说：“一个人若没有热情，他将一事无成，而热情的基点正是责任心。”每个人无论是对待自己还是生活和工作，都应该保持一颗责任心。一个认真负责的员工，不仅仅是对工作的负责，更是对自我的负责。他们能够全身心地投入到自己的工作中去，认真地对待每一份任务和工作。这样的人在职场中必定会是一个佼佼者，无论到哪里都会受到领导的欢迎和大家的尊重。

认真负责是一个很难得的素质和品质。一个人如果能够认真负责，就会从工作中的点点滴滴做起，不会忽略任何一个细节。他们能够秉持认真的态度，将工作当成自己的事业。在他们而言，工作不仅仅是挣钱养家的工具，而是施展自我、提升自我的平台。也正是因为他们认真负责的态度，使得他们能够自信地面对工作中的成功与失败。成功对其而言是自我的肯定，失败了也没有关系，他们会更加努力。

一个认真负责的人，无论在何种岗位，无论选择何种职业，都会受到大家的欢迎。现在企业需要的不是一个多么有能力而做事马马虎虎的人，而是一个认真负责的人。无数的成功人士也是从认真负责起步的，在认真负责中他们改变了命运，走向了自我人生的巅峰。世界上最大的零售公司之一的沃尔玛公司董事长沃尔顿从小就是一个认真负责的人，而正是因为他的认真负责，他才有了今天的成就，受到大家的敬重和仰慕。

沃尔顿小的时候家里很穷，但从小他就励志要改变现状，因此他对待学习非常认真，希望通过知识改变命运。上天不负有心人，他以优异的成绩考取了著名的耶鲁大学。这对于贫困的沃尔顿的家人来说既喜又悲，沃尔顿很有可能要面临着失学的可能。当时，沃尔顿情绪复杂，既兴奋又失落，于是他决定趁假期跟着父亲打工，做一名油漆工人。

很快，沃尔顿就接到了第一单业务。这对于他来说是一项挑战，房子的主人迈克尔是一个非常挑剔的人，但是给的工资和报酬却相当高。因此，他带着激动的心情去做这份工作。为了让主人满意，沃尔顿一丝不苟，认真负责，反复检查，期间迈克尔几次来检查都挑不出任何毛病。但是，交工的当天却出现了问题。

当天，沃尔顿早早起来，准备最后的交接工作。当他为拆下来的一扇门板刷完最后一遍油漆的时候，将它像往常一样支起来晾晒。做完这一切，沃尔顿心情放松下来，想出去休息一下，等待主人的验收。没想到，当他出去的时候却一不小心被脚下的砖头绊了一跤。他站起来的时候，碰到了支起来的门板，而门板又倒在了雪白的墙上，出现了一道清晰的痕迹。这让沃尔顿顿时慌了手脚，他立即将漆印刮掉，重新将漆补上。可是，补好后，和周围的漆完全不一样。他决定重新刷一遍。

然而当他刚把材料拿回来的时候，主人迈克尔就来验工了。沃尔顿见到迈克尔，立马向迈克尔道歉，告诉他事情的真相。他原本以为迈克尔会生气，但是没想到迈克尔却高度赞扬和评价了他，并给他提出了一个难以置信的条件，迈克尔愿意赞助他读完大学，但是毕业后他要进入迈克尔的公司工作。

最后，沃尔顿在迈克尔的资助下读完了大学，毕业后顺利进入了迈克尔公司工作。工作后的他依然不忘初心，本着认真负责的态度对待自己的工作。十年之后，他成为了这家公司的董事长。现在他经营的沃尔玛公司无人不知，正是因为他认真负责的态度让他遇到了生命中的贵人，谱写了人生的传奇。

如果沃尔顿没有对工作认真负责的态度，他就不会被迈克尔发现提携，也就没有了他后来的成功。因此，每个员工对待自己的工作都应该认真负责。虽然可能因为各种外在条件和因素的限制，事情的效果没有我们想象得那么好。但是毕竟我们是本着认真负责的态度去做的，在其中我们也能够学到很多东西，获得一些经验教训，而这对于我们的工作来说是至关重要的。

一个认真负责的人，无论在何种岗位上都会受到企业的重视，受到大家的欢迎。在任何平台，都不要担心自己的能力和才华被埋没，要相信“是金子总会发光的”。只要你努力，总会有收获。你要明白，认真负责不是单纯地对工作负责，而是对自我的负责。只有认真负责，你才能在工作中不断地提升自我，才能从细节出发，才能找到自我突破的关键点。

毋庸置疑自己的能力，怀疑自我的价值。你就是你，一个认真负责的你。现在的你也许不会有什么大的成就，但是时间会告诉我们最好的答案。你只需要按照自我既定的目标，继续努力，不断拼搏，有一天总会收获自己想要的成功与幸福。

从现在起，开始改变，改变自我对工作的态度。从工作中的细节入手，不敷衍了事，认真对待，认真对待工作就是认真对待自我。认真负责地对待每一天的生活和工作吧！你的未来你做主！

3．不要等老板来安排你的工作

在公司里，经常会发现这样一类人，他们经常悠闲自在地喝着咖啡，和同事们说些家长里短。当领导巡查公司的时候，领导也会觉得莫名奇怪，有的时候也会生气。老板走过去问员工："你们怎么这么悠闲？"他们会回答说："领导给安排的事情我们已经完成了，现在已经无事可做了。"这样的回答领导本也无可挑剔和指责的，因为毕竟是一个听命行事的员工。

但在当下，在企业里个人主动进取的精神则更加重要。那些只会"听命行事"的员工已经失去了竞争力，企业更欣赏那些积极主动的员工。那些积极主动的员工不仅仅能完成自我份内的工作，还能自发地去完成一些其他的工作，为老板排忧解难，无形之中为自我增添了不少好印象。

这个世界上有两种人注定不会有大的成就。第一种是那些从来都不会主动去做事情的人，另外一种人是即使别人要求他去做，但是也不能做好的人。那些不需要老板安排，积极主动地去完成工作并且会坚持自己方向和目标的人，必定是一个成功的人。因此，这些积极主动的人永远要求自己比其他人早一点、快一步，因此自然而然获得的收获也比他人多。著名职业经理人卫哲就是这样的一个人。

1992年，卫哲还是上海外国语大学一名很普通的在校生，一个偶然的机会他到万国证券勤工俭学，从事一些基本的语言翻译工作。卫哲是一个非常认真负责的人，当时他翻译的一份年报得到了万国总裁管金生的肯定和高度评价。管金生非常赏识卫哲的能力和素质，觉得其是可塑之才，于是便吩咐手下的员工安排与卫哲见面。见面后，管金生安排卫哲担任其秘书的工作，正是因为这份工作，改变了卫哲的命运。

起初，卫哲做的就是一些翻译年报的工作，偶尔剪剪报纸。这么琐碎的事情，他却非常认真。他考虑到老板的工作是非常忙的，因此将剪报是否看过予以区分，这样就为老板节省了很多时间。其实，这些事情管金生根本没有要求卫哲，但是他却能想老板所想，将事情做得如此细致，可见其投入工作的精力以及其认真负责的态度。

其实，秘书做的不仅如此，就连秘书要做的端茶倒水等小事，也做得细致入微。开会时他应该何时进去倒茶水才不会影响老板的讲话节奏；什么时候应该只倒水，什么时候应该带着茶叶进去等。此外，管金生平时有一些生活习惯，卫哲都看在眼里，记在心里，将他的生活和工作安排得井井有条，这得到了管金生的表扬。

后来，经过一段时间的工作之后，管金生发现，如果再让卫哲去做这些端茶倒水、剪报等事情，就太大材小用了。在管金生看来，这样的人如此积极主动，日后一定是公司的顶梁柱。后来，年仅24岁的卫哲被提拔为上海万国证券公司资产管理总部的副总经理，成为当时国内证券界最年轻的副总。他用自己的积极主动书写了不一样的人生。

作为一个员工，千万不要觉得自己每天的工作完成了，准时打卡上下班就是尽职尽责地完成工作了。固然，你也可以得到每个月固定的薪水。但是，如果你想获得更多回报和收获的时候，就千万不要让老板安排你的工作。

一个积极主动的员工，不会每天由老板安排自己工作，而是在工作中学会了主动思考，学会了积极进取，用热情饱满的心态去为自己“找”事情。这样的人更容易得到老板的青睐，更容易获得成功。

甲、乙是同一个公司部门的采购专员。一次，公司需要大量的纸张进行产品的印刷和推广，派遣两人采购纸张。甲在市场上视察了一圈之后，回来告诉领导只有一家公司符合我们所要的纸张。领导问他有多少，他说不知道，就又去那家店问了回来。领导问他价格是多少，他又跑到那家店去问了价钱。

而乙则不一样了。他能够很快地从市场上回来，并告诉老板纸张的数量和价格，并带回来了样品。后来，老板就提升了乙的职位，而甲还是原来的职位，老板也想不出任何理由来给他加薪升职。

成功总是垂青于那些积极主动的人，但是现在很多员工不能从根本上意识到积极主动的重要性，已经在潜意识里认为每天准时上下班就可以了。你必须学会改变这样的现象，只有当你积极主动地去做事情时，成功才会伴随而来。这样的人不仅仅会给所在的企业带来无限生机和活力，也会为自己赢来更多契机。

从现在开始，不要等待老板给你安排工作，积极主动地去做你要做的事情吧！当你以饱满的热情投入现在的工作，当你全力以赴地做好现在的工作的时候，你得到的东西远远比你现在所得到的还要多。

4．拥有先付出后回报的心态

一个人无论想获得什么回报，都必须先学会付出。你想摘到树上的果实，就必须学会给树浇水、施肥；你想得到他人的帮助，就必须学会先帮助别人；你想收获爱心，就必须学会先奉献自己的爱心。你如果想在职场上获得自己所期许的成就，就必须学会先付出心血，泪水也好，汗水也罢。这个世界上没有天上掉馅饼的事情。你在春天播种种子，才能在秋天收获果实。

想要得到就必须先学会付出。你看看那些在金字塔顶端、拥有万人鲜花和掌声的人，光鲜亮丽的背后一定有不为人知的辛苦和付出。没有付出只有回报的事情永远都是不切实际的想法，不劳而获的果实绝对不香甜可口。做任何一件事情，都需要你有一颗坚持的心，不管你做什么事情，一定要相信自己，相信时间会给你最公正的待遇。你要不断地努力，最后都会收获自己想要的成功。

职场中，很多人之所以永远与成功失之交臂的主要原因在于压根就没有认识到成功的真谛。他们总是觉得领导给自己什么样优异的条件，这样自己才会努力地付出。但是，这个社会向来都是公平的，没有你想象得那么简单。如果你想得到什么东西，必须用同样的东西交换，这是亘古不变的道理。一个人如果不能够理解这个道理，那么永远都不会成功。

一位在职场多年阅人无数的老板，他经常听到员工对他说：公司应该给我加薪，这样我才能打破自我的极限，做到更好；公司应该给我升职，这样我才能挖掘自我的潜力，提高业务水平。其实，这是老板最不欣赏的员工，还没有付出、还没有努力，就幻想着上升的空间。如果给你升职加薪，你又会进一步提出更大的要求。因此，你必须先学会付出，只有先付出才会有收获。

有一个人与好友结伴去沙漠探险，不巧途中遇到沙尘暴，他和他的队友们都走散了。此时的他走投无路，又渴又累，正当他几近绝望的时候，他发现了在他前方有一幢废弃的小屋。他拖着疲惫的身子走进了屋内，屋内布满了灰尘，里面有一堆枯朽的木材。原本想找点水喝的他再一次陷入了绝望之中。

正当他想靠在墙边休息的时候，却发现在屋角有一台抽水机。怀揣着激动，上前汲水，但是不管他使出多大的劲，他怎么都抽不上水来，连一滴水都抽不出来。于是，他的心情又一次降到了冰点。突然，他发现抽水机旁，有一个用软木塞堵住瓶口的小瓶子，瓶上有一张泛黄的纸条。他仔细地看着纸条，上面写着：亲爱的路人，你必须用水灌入抽水机才能引水。当你喝到水的时候，不要忘了当你离开的时候，将水装满！

他急忙地拔开瓶塞，发现瓶子里果然装满了水。但是，他此刻又陷入纠结之中，如果他将瓶子的水全部喝掉，那么他不会渴死，也能够继续前行，可是接下来的旅程他还会渴着。但是，如果他遵循纸条上的指示，万一将瓶子里的水全部倒入抽水机，却没有抽到水，他就会渴死在这个地方，走不出去。到底该如何去做呢？

思忖再三后，他还是决定将瓶子里的水倒入抽水机里，没想到水大量地涌出来了。他喝饱后，又将自己带的瓶子和原来的瓶子一起装满。在纸条的后面，他写了自己的话："相信我，纸条上说的是真的。付出一定会有回报的！"

只有付出，才会收获自己想要的。每个员工都应该明白付出的意义，带着先付出才有收获的心态去工作，你才能在自己的岗位上做得更加有意义了。你能够对公司付出，公司才会给你更多的机会，你也会赢得更多的信赖。你的努力与付出都是成正比的。

一个员工只有从内心真正明白了付出才能有回报的意义，才会真心实意去付出，并在付出中体会工作的乐趣，获得更多的发展空间和机会。在这样的情况下，我们得到的就不仅仅是物质上的回报，更会是自我价值的彰显。如果一个人能在付出中不计较，收获快乐，那么这样的员工必然会做到更好！

那么，怎样才能培养自我先付出后收获的心态，才能做到更好呢？

首先，正确认识自我，正确认识工作。你要对自我的综合素质有一个合理的评价，要明白工作的意义和价值，它不仅仅是赚钱养家的工具，更是一个实现自我提升的平台。

其次，不要抱有“天上掉馅饼”的心态，记住不去计较升职加薪，你付出了自然会有你所期待的物质财富，当然也会收获一笔无比可贵的精神财富。

最后，记得坚持，告诉自己时间会给你想要的东西。所以，你要学会不断努力，告诉自己不断地突破自我，不断地改变自我，在改变中所有的泪水和汗水都是值得的。

记得先付出才会有回报，摆正自己的心态，告诉自己每一次的努力和进步都是以后的积淀，每一次的辛苦付出都会在以后蜕变成最华丽的掌声和鲜花。你还在等什么呢？付诸行动，追求自我想要的幸福和成功吧！

5．奉献比回报更加重要

无论我们从事何种行业，都可以去做得更多，通过奉献自己，去获得价值的最大化。一个人要时常抱着奉献的心去做，他收获的不仅仅是快乐，而且是一笔重要的精神财富。你必须明白这个世界上很多东西都是通过奉献而取得的，如果我们每个人都将焦点集中于回报而不是索取上，那么这个社会必然是充满爱心与幸福的，我们的生活也会受益良多，变得越来越好。

一个人假如热爱自己的职业，热爱自己所任职的公司，就会集中全部精力在工作上，充分地展示自我的能力和才华。当一个人在工作中发挥了自我最大的能力和价值，奉献了全部经历，同时又不计较得失，并与他人共享你的业绩时，你就获得了有形与无形的报酬。

奉献精神是一种社会责任感的表现。它是一种态度，是一种行动，也是一种信念。“赠人玫瑰，手有余香”的道理大家都明白。一个常怀奉献之心的人，为企业、他人获得利益的同时，也提升了自我；一个常怀奉献之心的人，激励并影响了周围的人，也鼓舞了自己；一个常怀奉献之心的人能真正体会到工作的快乐，也能够真正懂得人生的快乐和真谛。拥有奉献精神的人就好比拥有一种无形的力量。

“懂得付出，就永远要付出；贪求索取，就永远要索取。付出的越多，收获的越多；索取的越多，收获的越少。”这句话告诉我们，一个人不能一味地去贪求索取。一个愿意奉献的人，在帮助他人时并没有希望自己能够得到多少。认为只要别人开心了，自己会快乐。所有的回报不能用金钱来衡量，你付出的越多，在未来的日子里也会收获更多。生活有的时候就是如此，一个不经意的举动很可能会影响你的一生。

弗莱明是一个贫穷的苏格兰农夫，每日日出而做，日落而息，生活过得简简单单，但是却很快乐。有一天，弗莱明像往常一样在田里耕作，突然他听到有个小孩的哭喊声。于是，他顾不上手下的农活，寻声找去，看到一个小男孩正在粪池里拼命地挣扎。出于本能的反应，弗莱明不顾粪池的脏臭，挽救了这个孩子的生命。

原本以为这件事情就这样过去了。过了几天，一辆崭新的马车停在了农夫家门前。正当他感到诧异的时候，一位高雅的绅士从车中走下来，并告诉农夫：“你好，我是那位被救男孩子的父亲。感谢你的救命之恩，我要报答你。”听了绅士的话，农夫直接告诉他：“换了任何一个人都会这样做，不能因为我救了你的孩子就接受报酬。况且，这本是一件好事，何乐而不为呢？”

看在农夫不接受回报的情况下，他环顾农夫破旧不堪的房子，原本想帮助他们的想法落空了。正当他想不到任何办法的时候，农夫的儿子回来了。绅士突然脑筋一转，想出来一个好办法。他告诉农夫：“既然你不愿意接受回报，索性我们达成一个协议。让我带走你的儿子，我会让他接受最好的教育。如果他长大后能像你一样，那么他将来必定是一位令你骄傲的人。”

农夫思忖再三，答应了他的条件，毕竟他也给不了儿子更好的教育。后来，农夫的儿子努力学习，从圣玛利亚医学院毕业，而后又成为了举世闻名的弗莱明·亚历山大爵士。他是盘尼西林的发明者，于1944年受封骑士爵位，并获得了诺贝尔奖。

后来绅士的儿子不幸染上了肺炎，而盘尼西林又救活了他。而这位绅士正是大家所熟知的曾任英国首相的丘吉尔。

农夫帮助了别人的孩子，使自己的孩子受到良好的教育，而丘吉尔也帮助别人的孩子受其教育，最后又挽救了自己的孩子。他们并没有追求所谓的回报，而是在奉献中收获到了更多的财富。这是需要很大的责任和奉献精神。既然能收获更多，何乐而不为呢?

甲、乙、丙三人是同属一个公司的员工，每天做的都是设计画图的工作。三个人的工作性质和任务量都是一样的，但是几年之后发展却不一样。归根结底在于对待工作的态度不同。

甲觉得自身的工作是件很累的事情，每天都要花费大把的时间去设计作品，而且老板不满意就得重新去做，这是件很费脑力的事情，害得自己每天都休息不好。乙觉得自己的工作就是为了每个月的工资，如果不是为了赚钱养家，他才不愿意去做。丙则不同，他觉得自己的每份设计都是一项大工程。设计好之后，看到自己的设计在他人手下完工，会是一件特别开心和幸福的事情，他觉得工作特别有意义。

同样的工作，不同的态度。甲完全被动，乙只为工资而工作，而丙则具有高度的责任感，不抱怨自己的工作，享受着工作的乐趣，在奉献中收获自己想要的幸福。这类人是现代职场中所需要的，一定是最优秀的员工。

或许在未来的职场岁月里，你还在抱怨没有回报。但是，无论过去如何，要学会向前看。从现在起，重新审视自我的工作，在奉献中收获更多想要的东西。

6．乐于奉献的员工会变得更卓越

任何一个人都想打破自我潜在的能力和极限，都想成为一名优秀、卓越的员工。每个人都渴望获得更大的发展，在职场中成为领导欢迎的员工。除了每个人最基本的职业道德，就必须奉献。一个人如果能够在工作中乐于奉献，就会兢兢业业地去做好本职工作，在平凡的岗位上积极主动地去做好每一份工作，在平凡的岗位上做出不平凡的业绩。一个乐于奉献的员工会变得更加卓越。

要做到乐于奉献，就必须要求我们保持恒心。任何事情都不是一蹴而就的，不能对自己的工作只有“三分钟热度”，收获不了自己想要的东西就变得颓废不已。任何一个岗位都需要保持恒心，努力地去追求梦想，这需要我们的恒心和毅力。如果在职场中的你能够乐于奉献，那么你收获的会远远不止物质财富，更有自己的价值、能力的提升和更大的舞台。

乐于奉献的人更容易有所成就，因为你能从工作中无形地学到比他人更多的经验，并提高了自我的能力。而所有这些都会成为你未来的积淀，如果有一天你因为某种原因不得不放弃现在的工作，从事不同的行业，那也没有关系。丰富的经验和工作态度会帮助你很多，你的奉献精神也会为你带来好运气。你会自然而然地在众多员工中脱颖而出，成为公司的得力干将。

总体来说，乐于奉献有以下集中表现：

第一，忠于本职工作。这是乐于奉献的基础和前提。在当前竞争如此激励的时代，一个没有敬业的企业是悲哀的。只有忠于本职工作，你才会为顾客提供更加优质的服务，才能出色地完成自己份内的事情，而不是抱怨工作重、任务大、老板对自己不公平等现象。真正忠于本职工作的人，会全身心地投入到自己的工作中去，为上司交一份满意的答卷。

第二，尽职尽责。很多人理所当然地觉得“我完成自己份内的事情就可以了，这件事情又和我没有关系，我为什么要去承担相应的职责呢？”这样的员工在企业的发展前途不会长远的。而一个优秀的员工会把工作当成自己的事业，既然是自己的事业，那就必须学会承担相应的责任，而不是将责任推给他人。

第三，积极主动。真正优秀的员工在完成自己的本职工作之后，还会积极主动地去做另外的工作，想老板所想，想企业所想。机会都是自己争取来的，成功会更加偏向于那些积极主动的人。他们不会计较自己的付出老板没看见、没有薪资等额的回报等，实际上在积极主动的付出之中他们已经收获了很多东西，诸如能力的提升、经验的积累，诸如快乐和幸福。

第四，追求高效率的工作质量。对待一份工作，他们有自我的工作时间和安排，一份工作如果自己既可以做得又快又好，绝不会拖拖拉拉，追求高效率的工作质量是他们的目标。他们有一个自己设定的职业梦想和追求，有自己的人生规划，脚踏实地去工作，从身边一点一滴的小事做起，不断拼搏，为自己的未来打出一片天。

第五，在奉献中提升自我，不求回报，赢得鲜花和掌声。很多人觉得自己付出了那么多没有回报是件很“委屈”的事情，其实不然。真正乐于奉献的人，在奉献中收获的不仅仅是快乐，还有自我能力和素质的提升。他们在平凡的岗位上奉献自己的时间和精力，也许他们暂时不会有收获，但是他们坚信未来的他们有一天会打破自我的极限，挑战不同的新高度，成就更好的自我。

总之，一个乐于奉献的员工，总是把工作当成自己的事业，做好自己的本职工作，尽职尽责，在努力奉献中提升自我、改变自己，为自己赢得更多的鲜花和掌声。这正是一个时代所要求的，这样的员工更容易受到老板的尊重和赏识，在职场中也会更加卓越。

某公司在建立公司之初就以“和”的企业文化目标吸引了很多有志人士的加盟，所谓“和”是指公司的发展壮大和员工的命运息息相关，该公司建立了合理的晋升机制和发展空间，培养的员工都是敢于担当、乐于奉献的员工。而该公司的员工从入职到晋升都能保持一种这样的状态，不去想回报多少，而是在奉献中提升自我，共同成长。无论是新旧员工，都给予了他们宽阔的成长时间和空间。

正是因为这样的文化和体制，该公司的员工都乐于奉献。他们在工作中积极主动、共同学习成长，为公司发展谋福利的同时，也为自己的素质锦上添花。正因此，该公司吸纳了很多优秀的人才，而这些优秀的人才在自己的岗位上又能发光发亮，很多都做出了卓越的成就，该企业也创建了诸多分公司，成为当地的龙头产业。

一个乐于奉献的员工会变得更卓越，在奉献中提升自我，在奉献中超越自我，在奉献中实现自我的价值。

从现在起，改变自我的观念，忠于本职工作，在做好本职工作的同时，积极主动地去做一些事情，在积极主动中你一定会收获自己想要的东西的。也许现在你会丢失很多休假的机会，但是未来的你会更加优秀，会在职场中发光发亮。你就是职场中那颗最闪亮的星星。未来的每一天都值得期待，加油，创造属于你的每一天！

7．斤斤计较的员工没前途

职场中，很多员工都习惯于只做自己职责以内的事情，觉得这就够了，也对得起每个月的工资。一些情况下，如果上司吩咐他们做一些看似是额外的、有些时候不得不加班完成的工作的时候，他们就会觉得为什么大家拿到的都是等额的酬劳，付出智慧和体力的却是自己。这类员工在公司属于斤斤计较的员工。这类员工总是想着回报多少，当公司利益和个人利益发生冲突的时候，总是以为个人利益比公司利益要重要。实际上这是一种很狭隘的想法。

当前，越来越多的员工认为自己和公司的关系是一种等价交换的关系。同等的体力和智力应该兑换同等的薪水。当然这样的想法本就无可厚非，但是每个人都希望在职场中有更好的表现和突破，都希望不断丰富自己的知识和经验。所以，你必须学会将眼光放长远，而不应该斤斤计较。斤斤计较的员工虽然每个月也会拿到与其付出的等额的物质财富，但是对自己的长期发展却没有太大的益处。

职场中，很多人因为暂时的利益和贪图享受而失去了自己的方向，然而等到他们反过头看到他人因为这份“额外”的工作而获得机会时，已经浪费和错过了最好的时机，无法超越他人了。所以，作为一名员工，你必须清楚，不要太多地纠结工资等问题上，要注重工作带给你的平台和自我价值的提升，你要学会发展自我，使自我的能力得到发挥，提高自我素质。当你能力提高了，薪资也不在话下。

斤斤计较也许最初有些人只是为了争取个人的一些小利益，但是时间久了，固有的观念就会转变成为一种习惯，眼中只有利益。而眼中只有利益的员工会对企业的发展造成一定影响，自身的能力也会得到扼杀。

因此，作为一名员工，一定不要计较太多。你要尝试这样想，你去做额外的工作会浪费你的时间和精力，但是你可以从中获得更多的机会，让你在千万竞争中脱颖而出。这样，企业的老板和公司就会多给你更多的关注，从而给予你更多实现自我价值的机会。今天你做出的努力，明天你必然会收获，只是时间早晚的问题。回报总是会在不经意间，以出人意料的方式出现。

记住，将自己的眼光放长远一些，不要计较自己付出的多少，一个斤斤计较的员工是没有前途的。

甲、乙是两个公司同一小组的会计专员，两人同年入职，学历相当。每个月末是财务部最忙的时候，公司所有人员的工资、各种报销单等都是他们要核算的内容。两人可以说是勤勤恳恳，努力地完成自己的本职工作。所有的报销单和工资单都要核对多遍，才能上交财务部。他们格外认真，也得到了部长的赏识，但是一次例外却改变了两个人的职业生涯。

一次，公司准备兼并另外一家公司，需要进行对该公司进行审核，审核所有的账目以及资产，而这两天也正是财务部最忙的时候。当天，两人做好公司的月底核算后，打算下班回家。但是没想到却在临走前收到了上司的指令。这时候两个人的反应完全不一样。甲说：“那既然这样，我们今天不妨加班吧，尽力为老板减轻负担。”而乙却不以不然，他说：“今天都这么累了，公司又没有为我们做过什么，明天上班也一样可以做。”

后来乙因为老板的指令不得不留下来加班，但在加班的时候却抱怨不断，不能像做月底核算那样细心，而这一切都被部门经理看在了眼里。一年之后，甲因为表现出色成为了财务部的副经理，而乙却还是一个小小的会计专员。工作虽然也无可挑剔，但是却不会有什么大的前途。

在工作中，大家都像乙一样，认为尽自己的力量完成自己的工作，对得起自己的工资就可以了。但是没有人甘于平庸，如果你想要更上一层楼的话，你必须要学会付出，在付出中得到自己想要的东西。因为，斤斤计较的人是没有前途的。

也许现在的你一开始从事的诸如前台、秘书等琐碎的工作，你也希望改变现状，那就需要你付出，在付出中改变自我。也许短时间内你不会有什么大的回报，但是不代表未来。人一定要有进取心，在进取中发现另外一个崭新的自我。千万不要因为一些“额外”的工作斤斤计较，产生抵触情绪，这样对你的发展和人际关系都会有一定的影响。

一个员工期盼最基本的利益没有错，但是关键在于不要因此而失去了自我能力提升的平台。如果一个人天天都计较利益，那又怎么能看到成长的机会呢？又怎么会意识到这很有可能是影响自己未来发展的大平台呢？人应该学会思量长远，学会在自我付出中得到自己真实想要的东西和收获，而不是活在斤斤计较的牢笼里，走不出自我内心的限制。

你是一个有潜力的员工，不要斤斤计较，要学会付诸行动，勇于实践，在付出中收获璀璨的人生。

第七章

常怀感恩之心：拒绝抱怨才能迎来成长的机遇

对工作而言，“当一天和尚撞一天钟”的做法是最不可取的。虽然现在社会的压力常常让人喘不过气，身边充斥着牢骚之言、抱怨之声，令人精神萎靡。但是消极怠工永远无助于摆脱困境；常怀感恩之心，懂得反省自我，积极面对眼前的各种不如意，才能进入良好的工作状态。

1．是你的公司成就了你

一只蚂蚁可以扛起等于体重50多倍的一颗小石子，而一群蚂蚁可以咬死一头大象。作为群体的一员，单只蚂蚁的力量的确超乎想象，但是如果脱离了群体，它只是一只可以扛动石子的蚂蚁——尽管力量与体积不成比例；而如果融入到集体中去，那么这只蚂蚁将成为战胜大象的一份子。可以说，是集体的力量成就了蚂蚁。

同理，公司的成就也离不开每一位员工的辛勤努力和付出，但是如果没有公司提供的平台和环境，就无法把所有人凝聚在一起，相互磨合适应，并逐渐塑造成一个整体。即使个体再强大，能力再突出，也绝不可能获得巨大成功。所以，与其说是个人才华和努力成就了公司的辉煌业绩，不如说公司给每个人提供了展示才华的舞台，最终拓展了职业发展空间。

所谓的成功，不过是在成就与被成就的过程中产生的附加价值。在职场中，因为工作预期、工作环境和工作状态的制约，并不是人人都能认识到这一点。很多员工在评价自身与公司的关系时，没有怀着一颗感恩的心，总是思考这份工作的成长空间和薪酬待遇，为了无法满足预期而失落，为了公司环境不够“高大上”而抱怨，结果自认怀才不遇，并产生消极怠工的心理。

很明显，当员工消极地工作时，必定不会尽心尽力，也不会尽职尽责，甚至还会为了谋一己之私利而做出破坏公司发展的事情来。说到底，这是工作态度问题，它决定了一个人的成长空间大小，以及所能达到的最高成就。

一个过分看重自己的人，多半不会在团队中获得其他人的好评，因为他会认为以自己的能力和水平，和团队的其他人合作完全是自降身价；而这样“骄傲”的人很难融入到团队中去的，那么团队合作就成了妄谈，更别提团队发展了。最终，势必影响到公司的业绩。

当然，公司成就的不只是团队，还有人的工作热情和激情。从一个人面对工作的态度，可以很清楚地看出其做事的水平，以及未来的工作业绩。经验表明，员工对工作感觉到厌恶，或者把工作当作是一种苦役，那么他绝不会取得重大的成就。相反，那些从工作中感受到快乐的人，会取得重大成就。

聪明人会选择和公司步调一致，在事业发展过程中借势实现自己的目标。最终，他们的价值会随着公司的发展而不断增值。一个浅显的道理是，如果你确实做得够好，那么在工作中推动公司发展的同时，你自身的事业也必将获得相应的成就。

作为一名成熟的职业人，应该明白一点：在现代化的公司模式中，个体的力量在不断被淡化，团队逐渐被重视起来，个人荣誉也在逐渐让步于团队成就。这不是让大家消极怠工，而是鼓励每个人在团队中提高个人技艺，充分发挥自己的价值，借助团队的力量实现共赢。换而言之，公司的发展与进步确实需要每个人贡献出一份力量，但是个人事业成功与价值实现同样需要公司平台的支持。

如果不是公司将个人的长处和不足有效互补，如果不是公司为个人提供了充分展示自身才能的工作环境，如果不是公司长期以来为自己提供了坚固后盾，个体的价值目标也不会实现。事实上，正是在公司提供了各种必备条件和基础支持，我们自身的事业才不断地巩固和壮大，并最终影响到了公司，产生了“1+1>2”的效果；正是因为公司在发展过程中为人们创造了各种各样的机会，我们才能随着公司的不断进步和发展，从一无所成走上人生巅峰。

2. 与自己的公司荣辱与共

公司与员工的关系，更像是一条大河中干流和支流的关系。大河的波涛汹涌、气象万千离不开支流源源不断地支持，只要大河中有水，众多支流才不会在旱季轻易地干涸枯竭。显然，员工与公司是休戚相关、荣辱与共的关系。

“公司是我家，发展靠大家”，这并不只是一句口号那么简单，它形象生动地描述了员工应该以怎样的心态面对公司。当你选择了一家公司之后，作为其中的一名员工，你的切身利益就已经与公司的生存和发展产生了密切的联系。公司既是安身立命的庇护所，也是实现个人价值的舞台，你在公司做出的每个决定都应该从团队利益出发，做到与公司荣辱与共。也只有这样，公司才能迎来广阔的发展前景，员工才能有优厚的成长环境。

作为与公司紧密联系的命运共同体，员工应该学会依靠公司发展，以公司为家。但这并不是让你依赖公司，而是在全力以赴地实现自我价值的同时，以自身的努力促进公司成长和发展，全力展示个人的主人翁精神。

对员工来说，具备主人翁意识会像对待家庭一样对待公司。试问，谁会有意做出有损于家庭稳定和谐的事情来呢？在职场中，主人翁意识就是要时时刻刻、设身处地地为公司利益着想，在关键时刻要有挺身而出的决心和态度——面对责任不逃避，面对困难有激情。

迈克尔·约翰逊是洛杉矶一家广告公司的总裁，为人和蔼，处事精明。他将公司管理得井井有条，每个员工都各安其职。杰克是其中的一名销售人员，比迈克尔年轻几岁，每天和总裁一起工作令他对迈克尔的才能和人品十分敬佩。因此，杰克工作起来格外认真努力，除了帮助迈克尔签单子、拉客户，更在各种商业谈判中展现出了精妙的谈话技巧，为公司发展出了不少力。

不久，公司接到了一个大项目——在城市的各条街道做广告。全市的每个街道都要做10多个广告，加起来有几千个地方需要布置。一旦成功，将会给公司带来不可估量的经济利益和社会效应。然而在项目初期，巨额的成本给公司带来了资金压力，迈克尔发工资的时候不得不把大家召集到一起，解释了公司当下的处境，并承诺项目结束后将拖欠的工资一起补发。

天有不测风云，当大家不计成本地为项目忙碌的时候，整个项目还是因为资金链的问题陷入了停滞，未来的前景顿时变得一片黯淡。员工知道这一情况后，认为公司已经没有东山再起的可能，更不再奢望得到补发的工资，于是将公司的财产、物品瓜分一空。只有杰克，非但没有跟着大家起哄，反而不断地劝阻，并积极帮迈克尔出主意，摆脱眼前的困局。

杰克认为公司前景好的时候，自己得到了许多，现在公司有困难了，必须主动与公司共渡难关，自己不会做出没有底线的事情来。只要迈克尔总裁没有宣布公司倒闭，他始终不会离开公司，哪怕只剩下自己一个人。

这样的举动让迈克尔十分感动，并且燃起了重头再来的热情。于是，他带着杰克和少数选择留下来的员工四处奔走，想尽办法解决眼前的问题。最终，因为街道广告属于城市规划，政府在法律及相关规定允许的情况下，为公司支付了贷款，渡过了眼前的难关。

公司恢复运转之后，迈克尔做的第一件事就是任命杰克为公司副总裁。他认为，杰克是一个难得的人才，不仅仅因为他的才华，更因为他愿意与公司同甘共苦、荣辱与共，这份坚持与担当是最珍贵的。

在上面的故事中，杰克虽然有出色的个人才能，但是这并不是帮助他走向成功的最重要因素。真正令他改变命运的是以公司为家的责任感，以及坚定的主人翁意识。当今社会，人才固然难得，但是品德却更加重要，没有一家公司愿意聘用有才无德之人。公司顺风顺水的时候一味钻营，削尖脑袋往上爬；公司一旦遇到坎坷，就作鸟兽散，这样的员工缺乏主人翁意识，很难有所作为，也不会被委以重任。

员工具备主人翁意识，能够与公司荣辱与共，自然会妥善处理个人利益和公司利益的关系，将个人价值与公司目标结合起来。有时候，个人利益与公司利益存在冲突，甚至是存在对立的，因为公司的统筹安排是建立在大多数人服从的基础上，所以对个体的考虑欠妥；但是从长远的角度看，个人价值与公司目标又是绝对统一的。显然，那些效益好的企业，员工的薪酬待遇也会高，获得的成长机会和发展空间也更多、更大。

认为个人前途与组织前途没有关系的想法，是过于狭隘的。这种人永远把自己摆在一个打工仔的位置上，简单粗暴地认为自己与公司之间的联系只有那一点微薄的薪水，却看不到公司在成长和发展过程中提供的机会，看不到公司在经历坎坷后赢得的发展空间。失去了荣辱与共的信念，没有感恩的心，这样的员工在哪里都不会受欢迎，更不会取得成功。

不要太计较眼前的得失，也别因为公司遭遇困难而选择放弃。员工把目光放长远一点，今天少索取一点，让企业发展更快，明天就能得到丰厚的回报。和公司荣辱与共的员工，会在工作中担负起更多责任，激发心中火一样的热情，用辛勤的汗水去收获那份真正属于自己的果实。

3．多感谢老板，少抱怨工作

在一个团队中，感念他人的关照是一种令人称颂的态度。在现代社会机械化的冰冷环境中，一句发自肺腑的“感谢”或者说“感恩”，显得难能可贵。然而，许多员工习惯抱怨工作压力大，抱怨老板做事不周到。殊不知，这会严重损耗你积极做事的心态，有百害而无一利。

在现代社会中，缺乏人情味的社会关系总让人感到不适，怀着感恩的心态，不仅会拉近人与人的距离，还能影响彼此的精神状态。在职场生活中，当怀着感恩的心情工作时，你的工作情绪将变得越来越好，同时，你的工作也将越来越出色。工作中，除了“多谢关照”之外，表达感恩的方式还有很多，比如学着去体谅老板，试着用老板的心态去努力工作。

学会换位思考，站在老板的立场看待眼前的工作，能避免为了解释而编造借口，最终以尽职尽责的态度做好本职工作，主动改善不如意的工作局面。任何时候，积极行动远比满口空话有用。

人们遇到麻烦的时候，习惯找借口，抱怨他人做得不够好。在公司里，员工遇到难题，或者面对强大的工作压力，也习惯嗔怪老板处事不公或者缺乏前瞻性。他们没有从自己身上找原因，少了一颗感恩之心，自然无法快速摆脱眼前的困局。

在工作中心怀感恩的念想，能为我们提供无穷的动力。真正的感激应该是情感的自然流露，是发自肺腑的主动精神。无论什么工作，总要讲究投入产出比；但是在自己的职权范围内，认真工作绝不应该是“要挟”老板的手段，而是时刻要求自己必须达到的标准。因此，怀着一颗感恩的心去工作是不带功利性的。

个人的发展是建立在公司发展基础之上的，而公司的发展在相当程度上又是老板多年苦心经营的结果。然而，当你怀着感恩的心态，认真地履行了自己的工作职责，却没有得到相应的回报，也不要盲目怨恨老板。工作总有不如意的时候，老板也不是百分百完美的人，难免会有这样或者那样的不足之处。这时候去抱怨工作、吐槽老板，对你的尴尬境遇一点帮助也没有，反倒不如好好回忆一下此前工作中的经验，及时摆脱眼前糟糕的情绪状态。

事实上，只要你还在职，任何时候都不要去抱怨。因为抱怨除了让你的心情变得更糟糕，以至于影响你的执行力和注意力之外，没有半点好处。在工作中遇到不顺心的事情，与其耗费心力地抱怨，不如试着站在老板的立场思考问题。这样的换位思考，也能让我们的感恩之心更加笃定。

其实，只要适当站到老板立场上，就能体会到公司经营的不容易，从而学会体谅周围的一切。很多身在职场的人，只看到了老板光鲜的一面，认为他们每天都在钱堆里打滚，享受着优人一等的生活资源，却自动地忽略了老板们的辛苦打拼，也不去考虑老板身上的担子。工作时，员工只需要对自己的上级负责，而老板却要对每一位员工负责。

尽管越俎代庖在现代化的公司中是不可取的，但是这并不影响我们学着像老板一样思考，以老板的心态做事。无论如何，没有一个老板会讨厌这样负责任的得力助手。

在企业管理中，有一个关于钱和事的关系：自己的钱办自己的事——既节约又有效率；自己的钱办别人的事——节约但没有效率；别人的钱办自己的事——不节约但有效率；别人的钱办别人的事——不节约也没有效率。

很多时候，我们总是把老板的钱和老板的事当成别人的钱和别人的事来对待，最终结果是：老板把我们当成普通员工，失去了凝聚力与协作精神。如果员工转换一下思维和行动方式，把老板的钱当成自己的钱——凡事讲节约，把老板的事当成自己的事——凡事讲效率和效果，最终结果将是：老板会把你当成自己人。

4．谢谢是一种合作的心态

最近几年，社会上开始逐渐出现一种声音，倡导人们怀着一颗感恩的心去看待发生在身边的事，去对待生活在身边的人，很快就得到了民众的积极响应。有时候可能只是一件小事，甚至只是一句问候、一句“谢谢”，就能让生活在冰冷城市中的人们，再次感受到了疏离已久的温情。

当你向人们展示心中的柔软时，你就是温柔的；当你向世界展现心中的坚硬时，你就是冰冷的。有人说感恩不能只是一句简单的“谢谢”，却忽略了最真实的感情都是从细微之处流露出来的。况且“谢谢”也并不简单，能把“谢谢”说好、说到位，赢得他人的认同，也是一门技术活。

在工作中，对同事表达感谢是合作的应有之义。这不仅是对他人最起码的尊重，也是一种对人对事的态度，表示着愿意接受来自别人的好意，也愿意将这份好意再次传递回去。融洽的同事关系、团队协作关系，需要一颗感恩的心。一个内心冷漠的人不懂合作，也无法通过合作实现自我价值与发展目标。

杨丽有一个大学舍友，平时相处得也还不错，虽然有些小摩擦，但是没有影响大家的感情。只是有一点，舍友从来不会说“谢谢”，甚至在受到帮助或是收到礼物后还会说一些莫名其妙的话，让人听着十分不爽

其实也没有什么了不得的事情，大学舍友总是会分享一些好用的生活

经验、手机应用之类的。又省钱又好用的东西，就希望大家都能享用，这也是一种好意。这个舍友喜欢看电影，杨丽就给她推荐了一个能买到便宜电影票的App（手机应用），告诉她这个应用里的电影大多只要19元，比在电影院便宜很多。

结果这名舍友的一番话令人非常尴尬，她说："我昨天刚看了一场电影，花的钱比你那个还少，只要18.8元。况且我们这儿（她是大学当地的）看电影本来就便宜啊！"

还有一次，杨丽送给她一本英语考级词汇书，因为对方正要考试。实际上，杨丽没怎么用过这本书。结果，对方毫不在意地说："你回头让某某放我桌上吧！"

这两件事像刺一样扎在心里，令人不舒服。这名舍友受到别人帮助，几乎不说"谢谢"，反而会说一些奇怪的话，所以她没几个真正的朋友。

在平时的生活中，"谢谢"两个字真有那么难以启齿吗？其实不然，尽管国人表达情感的方式一直是含蓄的，但是说"谢谢"并不是向别人低头，相反是对他人表达善意与感激，是传递合作信号的表达。

事实上，这种合作的意愿在工作中是十分重要的。首先这是一种态度，是在告诉同事们，工作上需要大家共同努力。在工作中对他人漠不关心，无视他人的存在，甚至是面对别人的好意也没有丝毫表示的人，是不会有合作机会与发展前途的。

早在十四、十五世纪，所谓的合作意识就已经出现在了欧洲。当时的欧洲还处于资本主义萌芽阶段，在资本进行原始积累的同时，产生了一种包买主的生产方式。它以共同享有生产资料，并共同合作完成生产任务为主要特征，加速资本的代谢，基本可以认为这就是现代商业合作的雏形。

在世界变成地球村的今天，社会变革日新月异，合作成为达成一切目标的关键。只不过它不再只是一种单纯的商业运营方式，而是内化成了一种影响工作的精神力量，这种力量是现代社会协同作业必不可少的推动力。比如，世界著名波音客机虽然是美国波音公司的产品，但是生产加工却是通过不同国家相互合作分工完成的，甚至它的每一个部件都是由不同国家的专业部门分别制造的。可以说，合作已经融入了世界的每一个角落。

合作源于信任，也受制于诚意，也就是你要有一个态度告诉别人，你愿意与之合作。这个态度包括但不限于“谢谢”，而且感谢是最直接地接收好意，也是最有效表达诚意的方式，也就是良好的沟通。合作需要不同的个体共同完成，个体之间的配合需要默契。如果个体间缺乏充分的信任，没有良好的沟通就不会有默契，合作也就不可能成功。

譬如，世界贸易组织中关于定期汇报签约国财政状况的规则，倘若签约一方为了保留实力而虚报少报相关数据，这种不信任的行为必然会导致合作的失败。同理，在国际关系中，接收到某一国希望交流沟通的意愿而不予理睬，也就不会达成合作。因此，不难看出，缺少诚意和信任的合作毫无存在的价值。

今天，一些跨国企业在招聘员工的时候，一个重要指标就是测试应聘者是否具备良好的沟通能力和团队合作精神。因为世界早已不是相互割裂的个体了，同样的公司各部门相互配合，各个公司间相互合作，才能创造出更大的价值。所以，沟通能力与合作诚意被提到重要位置，只有具备这种品质的人才能在日后工作中实现精诚合作，获得更大的收益。

培养与人合作、和人沟通的精神，最简单就是在工作中学会感激，这是成功的职场精英所必备的态度，也是成功人士的经验总结。现代商业社会既有竞争，也需要合作，很难想象，一个人不善于与他人合作的人，能够有所建树。

5．经常对同事表达感谢

在日常工作中，个人能力的强弱往往影响其在公司的价值体现。但是也有很多事情不能完全依靠个人能力，过分相信自己只能是蛮干。这时候就需要与其他伙伴加强合作，才能实现远大的发展目标。

在人力资源管理领域，有一个著名的木通理论。一只木桶能装多少水，不是取决于最高的那块板子，而是取决于最低的板子。运用到实际工作中，就是要注意树立团队意识，增强团队凝聚力，而合作精神对团队建设起到了关键性作用。没有合作精神的团队，不会有完整清晰的全局运作。因此，作为普通员工必须学会与他人合作，增强自己的团队精神，这是顺利开展工作的需要，也是取得成绩的保证。

各自为战只能止步不前，只有合作才能带来双赢。合作已经成为世界各国发展的一种趋势，体现在商业世界里就是在对内工作上合理分工，在对外业务上共同努力，这样的合作关系意味着业绩的大幅度提升。

除去合作给公司带来的经济收益，就职工个人而言，在工作中能够与他人建立良好的合作关系，也可以帮助提升业务能力，锻炼自身素质，与他人建立良好关系，为获取更大成功奠定基础。

提到良好关系的建立，就不得不提在工作中与同事的关系，这关系到个人事业的发展。简单来说，一个懂得用善意的眼光、感恩的胸怀去对待同事的人，无论在工作中，还是在工作外，都能获得成功。不同的是，在工作外这种成功叫个人魅力，在工作内这种成功叫善于合作。所以要学习经常去感谢同事、上司、客户的支持、帮助和提携，学习和不同性格、不同身份的人合作，这是会打交道的表现，是团队精神的应有之义。

这种感谢不是阿谀奉承，也不是刻意讨好，而是真实地表达自己的想法，面对同事的帮助，哪怕很小的一件事，也要表达出自己的感谢。比如，接受一项新的工作任务以后，你需要尽快和其他部门的同事完成沟通，达成合作；这时候不要吝啬你的感激，因为大家都是在为一个项目付出各自的时间和精力，并不是必须要给你面子才进行合作。换句话说，如果同事拖拖拉拉、互相推诿，反映在老板眼中，反而是你的协调能力不过关。所以在沟通合作的过程中，要学着表达你的感激之情。

某公司，露西接到了一项新的工作安排。但是她的电脑没有连接打印机，所以她必须提前整理好各种工作文件，于是请同事杰克帮忙打印出来。开始的时候，露西非常不好意思，觉得自己打印文件耽误了杰克的工作，所以说话十分客气，每次请杰克帮忙总要说几句“谢谢”。

过了一段时间，露西的心思就慢慢变了。她觉得这个工作明明是公司安排的，自己只是为了完成工作才请杰克打印，而且大家也是老同事了，已经非常熟悉，所以渐渐地开始随便起来，不再把文件整理好了才发送过去，而是随时要求杰克帮她打印若干份，然后等待杰克把打印稿送过来。

终于有一天，露西把需要的文件发送给杰克后，左等右等都没有看到杰克出现在她的办公桌前。于是露西走过去，询问杰克为什么还没打印文件？

杰克听了，依旧埋头工作，语气十分不满地说：“我在忙工作，手上的事情干不完。你以后不要找我打印了，找文秘帮忙吧！”

露西一听，也十分尴尬，但是一时也想不通这其中的原因，只好红着脸离开了。究竟哪里出问题了呢？露西请教了从事多年人力资源的朋友，把事情原原本本地告诉了对方。没想到朋友一句话就找到了问题的症结，原来是露西渐渐放松的态度惹恼了对方，她对杰克说“谢谢”的次数少了。

仔细一想确实如此啊，打印文件是露西工作的一部分，却不是杰克工作范围里的事，他完全可以不帮露西的。但是，露西一开始的好态度，让杰克觉得这也没什么大不了的，就一直在帮露西，只是之后露西越来越不把这件事放在心上，好长时间不说“谢谢”了，杰克感觉不到尊重、感激，没有一种成就感，得不到价值认定，所以就不愿意帮忙了。显然，这是一种人之常情。

由此看来，经常对同事说“谢谢”，把它当作一种自觉行动，是多么重要。

美国微软公司创始人比尔·盖茨指出：“大成功靠团队，小成功靠个人。”戴尔电脑公司CEO迈克·戴尔认为：“一个人不能单独做成任何事，卓越的公司领导人都在一定程度上拥有成功的团队。”而一个优秀的团队，必定是能够把力量完美地凝聚在一点，这就需要在多数情况下，团队中的成员拥有同样的热情、人生观和价值观。

站在普通员工的角度来看，学会感激，善于与人合作，不但有利于工作的开展，而且是施展个人才华、实现抱负的必然选择。因为，用感恩之心，用关爱别人之心去想、去做，才能使团队中的每个人做到有效的沟通和协作。

6．常说“谢谢”是一种客户服务技巧

物理学中有一个关于力学的经典理论，叫作力的作用是相互的。也就是说当你用多大的一个力量去击打另外一个物体时，那个物体和你的拳头都会受到一个力的作用，而且这个力是相当的。这个道理同样适用于与人交往，和人沟通的情况。

在与人进行语言上的交流与沟通时，适当的语气和得体的措辞，会让对方感受到应有的尊重和礼遇。而作为公司接待客户的工作人员，在工作关系中往往处于不对等的情况，比如面对顾客发怒时，你即便有天大的委屈也不能说出来，只能一遍一遍委婉地提出解决办法，因为“上帝”有时候不想听到你的解释。

在这种情况下，就要考验你的客户服务技巧了。除了合宜的语气，还要学会交流的艺术，比如适时向“上帝”表达你的谢意。当客户向你表示，时常听到你家的产品或服务，或是你们公司的老顾客，要感谢客户长期以来的支持和关注；当客户对公司的服务有疑问，或是对产品不满意的时候，要感谢客户提出宝贵意见；当你向客户提出解决问题的办法被采纳时，要感谢客户的理解和宽容。

这听上去像是委曲求全，实际上是在对话中抢占道德制高点。当你做出一副彬彬有礼的态度时，会在无形之中影响客户的说话语气，让对方不得不暂时压制怒火，选择合适的语气与你沟通，从而让双方的谈话有进行下去的可能，方便你进一步引出后面的话题。

有一个年轻人脾气暴躁，容易和别人吵架，所以显得很不合群。他自己也很苦恼，但是却找不到问题的症结所在。

一天，他拜见一位德高望重的老人，问道："老人家，为什么身边的人都讨厌我？虽然没有做错事情，他们却都认为是我的错，这简直是生活在地狱里。我应该如何摆脱现在的困境呢？"

老人没有直接回答年轻人，而是挥挥手对他说："跟我走吧，我带着你去寻找答案。"于是，两个人来到一座大房子面前，整栋房子只有两个房间。

他们首先进入了左边的房间，一进门就看到中间的桌子上堆满了美味佳肴，长桌周围坐着一群面目可憎的人。他们都拿着长长的钢叉，用钢叉夹菜根本不能送到自己嘴里，但每个人都在不停地尝试，甚至你争我夺，即使自己吃不到也不能让别人送到嘴里。但是，这样的做法让钢叉在空中交错碰撞，菜肴掉了满桌，却没有一个人吃到，咒骂声此起彼伏。

随后，老人又带着年轻人来到另一个房间。这里的布局和隔壁的房间一模一样，也是一大桌美味佳肴，也是每人一根长长的钢叉，但是大家却脸色红润、白白胖胖，丝毫没有争抢和谩骂。原来，这个房间里的每个人都用钢叉、勺子把菜送到别人嘴里，显得既轻松又开心。大家在彼此相互道谢之余，对菜的美味赞不绝口。

这时候，老人转身问年轻人："你知道自己为什么被大家讨厌了吗？"年轻人恍然大悟，不停地点头："我懂了。大家相处，不能只想着自己，要懂得为他人着想。"

为他人着想，说起来很简单，但是做起来却并不容易。工作中得到他人帮助，务必说声"谢谢"。这种感激的话语不仅是一种客套语，更是密切彼此关系的润滑剂，是增添双方亲近感的有效方法。有了这种情谊，日后再次合作会变得非常简单。

美国“旅馆大王”希尔顿对员工有一个基本要求，“无论旅馆遭遇多少困难，万万不可把心里的愁云摆到脸上。”在现代服务行业竞争激烈的情况下，工作人员没有找借口的机会，你唯一能做的就是不断提高自己的服务质量，改善服务态度。说得严苛一点，顾客任何时候都是正确的，这一态度是每个服务人员立身的根本，决定了你能否与客户建立良好的关系。时刻把顾客放在嘴上、放在心上，才能有更多成功的机会。

第二次世界大战之前，欧洲有一位犹太传教士，每天早晨总是按时到一条乡间土路上散步。无论见到任何人，他总是微笑着热情地打一声招呼：“早安。”

其中，有一个叫米勒的年轻农民，对传教士的问候反应冷漠。原来，当地居民对传教士和犹太人的态度很不友好。

但是，这并没有改变传教士的热情。每天早上，他仍然给这个一脸冷漠的年轻人道一声早安。终于有一天，这个年轻人脱下帽子，也向传教士道一声：“早安。”

几年以后，纳粹党上台执政。这一天，传教士与村中所有的人，被纳粹党集中起来，送往集中营。

下火车后，大家要列队前行，这时会有一个手拿指挥棒的军官在前面喊话：“左，右。”被指向左边的是死路一条，被指向右边的则还有生还的机会。

很快，传教士的名字被这位军官点到了。他浑身颤抖，走上前去。当传教士无望地抬起头来，与军官对视的那一刹那，两个人都惊呆了。

传教士习惯地脱口而出：“早安，米勒先生。”

米勒先生虽然克制住了自己的惊奇，但还是忍不住说道：“早安。”声音低得只有他们两人才能听到。米勒先生看着传教士，犹豫了一秒钟，将指挥棒指向了右边，低声说：“右。”

作为一个客户代表，每天都要面对不同的客户，回答不同的问题，处理不同的事情。客户之于客户代表，就好像故事里的纳粹士兵和传教士的关系一样，毫不夸张地说，有时候客户简单的一句话，就能结束你的职业生涯。

所以对业务代表、客户代表来说，学会说“谢谢”是一种简单又实用的服务技巧。说“谢谢”的确算不了什么，和客户建立良好的人际关系也不特定限于“谢谢”，但是放在特定环境中，一句简单地感谢确实能产生强大的力量，可以感染人、感动人。这就是戴尔·卡耐基说过的：“行为胜于言论，对人微笑就是向他人表明：‘我喜欢你，你使我快乐，我喜欢见你。’”

感谢是一种建立良好人际关系的基石，也是做人应有的礼貌。发展客户关系，不能仅仅为了眼前的利益，更要有长远的打算。千万要记住：做生意绝不仅仅是销售产品，应使其内在质量精确地满足客户的需求。这里就包括对客户的尊重，给他们应有的肯定，从而建立真正意义上的相互信任与信赖。

第八章

修炼包容之心：融洽的团队关系有助于开展工作

中国人历来讲究谦和待人，其核心就在于建立和维持良好的人际关系。无数事实证明，一个民族或是一个国家要屹立于世界之林，需要的就是一个能够兼容并蓄的境界；一个组织乃至一个人，要想有所作为，也必须有包容万物的气度。

在一个团队中，每个人的性格、兴趣、爱好、生活习性、处事方法都存在差异。如果你不敞开胸怀去接受别人，反而容不下别人，实际上你也被别人拒之于“门外”。

1. 良好的同事关系从友善开始

卡耐基说过，太阳能比风更快的脱下你的大衣；仁厚、友善的方式比任何暴力更容易改变别人的心意。

友善，无论在什么时间什么地点，都是必不可少的一种人格品质，绝不仅仅是人际交往中必须具备的道德规范。它更多的来自于中华民族的精神内涵，是一条道德基准线。如果公司里的每个人都能做到与人为善，那么日常工作环境就会变得大不一样。

随着生活节奏加快，人们变得越来越浮躁。生活中，更多的人往往会为了一件微不足道的小事而大动肝火。医学研究表明，像生气、激动、恼怒这些恶劣情绪，会对当事人的身心健康造成极大损害，这也是我们常说的“拿自己的生命开玩笑”。现代心理健康学为人们提供了这样的启示：应树立一个心理保健的座右铭——友善。

人非圣贤，难免都会有做错事的时候。在工作中，发现对方的不足之处应友善相待，包容对方不到位的地方。将心比心，你这份友善的态度很容易感化对方，令其对你投桃报李。于是，团队中的融洽关系就建立起来了。

别人无意妨碍到自己，不妨一笑了之；自己无意中伤害了别人的，要真诚赔礼道歉。由于自己的主观原因伤害了别人，需要得到别人的谅解，要以友善的态度，切切实实改正自己的错误，以反复的真诚的长期的努力重新得到别人的信任和友谊。人与人的交往不可能是一帆风顺，难免会发生磕磕碰碰，做到友善相待是建立互信、合作关系的前提。

李东刚参加工作不久，有公事要从福州坐火车到上海。当时火车上的环境还没有现在这么好，车也没有那么快，检票也没有那么严格，所以乱占座、偷东西的事情时有发生。

当李东历经千辛万苦地穿过人潮，挤到座位旁边时，却无奈地发现座位上已经稳稳当当地坐了一个衣冠不整洁的男人。李东当时还有点心虚，拿出票认认真真地核对了一下上面的座位号，没错。

被人占了座，李东当然不开心，所以不太友善地冲着座位上的人说，“请你让一让，这是我的座位！”对方瞄了李东一眼，不说话，也没有起身。李东除了说话，也没有别的办法让他离开座位。在这趟过分拥挤的列车上，乘警与乘务员一时半会儿根本就挤不进来。

于是李东只有万般无奈地站在一旁。不一会，列车开动，附近座位的人开始聊天，他站在过道上，自然地参与了话题。

因为在列车上，话题无非是旅途的起点和终点。李东随口问起了那个男的：“你去哪里呢？”对方依旧没有说话。邻座的人赶忙帮忙缓解尴尬：“现在大家都出门在外，真的不容易。”并说起他们那里有什么人在火车上晕倒了，或者回家时被人抢了东西。大家争相发言感叹出门在外的种种难处。那个男的依然不说话。

这时，李东从袋里拿出家乡产的桔子，让大家都吃，每个人面前都放了两个，也很自然地给了那个男人两个：“吃吧吃吧，特甜的！”男人没好意思要，但终于开了口：“你是去上海的？”李东点头：“是啊！”

对方再次打量李东：“你一个人坐这趟车吗？”李东仍旧点头，一边硬塞给对方两个桔子。桔子还没吃完，他忽地站起来，向车厢那头喊了一声：“走了，下站下车！”

李东这才发现，有四五个人分散在车厢的各个地段，而且不带行李。事后从乘警那里得到消息说，刚刚有一帮小偷想在列车上作案。他们已经盯了很久，准备等他们作案的时候下手，没料到他们没作案就先下车了。这时候李东才明白，他的友善举动救了自己和周围的人。

友善的人多了，在社会形成一种氛围，那些不愉快事就会减少，邪恶的一面就会被抑制下去。这需要每个人以友善的态度与别人相处，共同营造一个人人心情舒畅、处处温馨和谐的生活环境。

在工作中，友善也同样重要，尤其是对待同事。同事是日常工作接触最密切的人，所以与同事关系的好坏，直接关系每天的工作效率和心情。如果搞不好同事关系，同事就随时变成了潜伏在身边的“敌人”，这就要求职场人把握这种同事关系的“温度”。而最好的“温度”就是要用嘴巴多赞美你的同事，让对方感觉你认同他、欣赏他，久而久之，这种“温度”反过来会给你温暖。

办公室的人际交往也要从友善开始。试问，面对一个低头不见抬头见的人，如果你随随便便发脾气，经常对人家说不中听的话，只是一味体会发泄的快感。那么，你们注定不会有良好的合作关系，也无法获得最佳的工作业绩。与同事建立友善的良好关系，需要把握好以下几点。

第一，不要为小事而与对方争个脸红脖子粗。无论对与错，从你加入争执的那一刻，就已经输了。争论没有赢家，它会破坏你来之不易的人际关系，恶化好心情，所以得不偿失。

第二，主动接近对方。你可以先伸出友好之手，可以主动和对方打招呼。对方原来可能怀有的戒备心、敌意自然容易化解。你很客气地提出的一些问题，他们就可能会加以注意和改进。

第三，把你想象成对方。站在对方的角度考虑问题，才能真切地体会他们的想法，从而修正自己某些不正确的做法。显然，这有助于双方关系的改善。

第四，接受他人的独特个性。人人都有其特点，不要试图改变这个事实。接受他的本来面目，自然容易赢得对方应有的尊重。不强迫别人接受你的观念，是高情商的表现。

第五，去想对方做对了的事。对方也不是总是那么招你烦的，他们也有好的一面，试着去发现这一点，你会从内心深处亲近对方。

在工作中，优秀的员工懂得容忍、谅解以及去爱别人，而不是等待他们来“服侍”你，更不是给他们机会去表现他们的缺点，而是要我们自己积极主动地容忍别人和讨人喜欢。

2. 你还在轻易责备他人吗

孟子曾经说过，行有不得者，皆反求诸己。这句话告诫人们，当你遇到了挫折和困难，或者人际关系处理得不好，要自我反省，一切从自己身上找原因。生活中，许多人的做法往往与圣人的理念背道而驰。有了问题习惯怨天尤人，把责任推到别人身上，去轻易地责备他人。这是不明智的做法，往往让事情变得更糟，只有愚蠢的人才会过于严厉地责备他人，因为这会让对方产生怨恨。

在待人处事中，随着关系的不断拉近，人们之间相互熟悉，逐渐放下了最初的矜持，许多看似随便的话也就说出来了。比如，人们最常说的一类话就是随意指责别人。

毫不客气地指责别人，有的是由于年轻气盛，有的是由于绝对自信。但不管怎样遇到问题就指责他人，都是一种没有教养的行为，不仅伤害到对方的自尊心，也会让你在别人眼中的形象贬值。尤其是在工作环境中，这可能会被认为是随便“甩黑锅”的行为，让人十分不耻。

如果你不想让身边有太多的敌人，那就口下留情，别总去指责别人。说的好听一点是当局者迷，说的不好听一点就是双重标准。一旦发现别人有这样、那样的错误，就一定会指出来，尤其是在职场中，很多人认为同事的失误很可能就是自己晋升的机会；又或者两人共同接受一个项目，出了问题，两个人都想尽快把自己撇清，于是互相指责。无论对方做得多么不好，一旦你想指责别人，就是在为自己制造敌人。

指责就像放出的信鸽一样，它总要飞回来的。所以不要随便指责他人，那样不仅会使你得罪对方，还会让你随时处在被别人“监视”的环境下——对方很有可能会盯着你做任何一件事，一旦找出错漏，也来指责你。

事实上，无论是什么样的失误，当事人的心里都会承担相当大的压力。这时候，他已经很自责了，相比于外界指责，他更乐于接受你的指导。同样的道理，即使是对下属的失职，指责也是徒劳无益的，充其量也只能想要发泄出你的不满，却对事情的解决没有一点帮助。而且你要明白，这种不满不仅不会清晰地传达给对方、被对方接受，还会就此在对方心里留下创伤。

很多时候，我们都是在不了解事实的情况下，发泄自己的不满，这连指责都算不上，纯粹是在撒泼。如果抱着这种态度与同事相处，你无论如何都不能与之建立信任、合作关系。

医生接到手术电话后，以最快的速度赶到医院并换上手术服，任何事都没有成为他的阻碍。

但是在手术室门口，正在等待手术的男孩的父亲却已经焦急不堪，失控地喊道：“你是怎么当医生的？怎么这么晚才来？你难道不知道我儿子正处在危险中吗？你怎么一点责任心都没有！"

医生冷静地微笑着说：“很抱歉，接到手术电话的时候我不在医院，但是一听说有手术就马上赶来了，您冷静一下。”

“冷静？你在说什么？如果手术室里躺着的是你的儿子，你能冷静吗？如果现在你的儿子死了，你会怎么样？ 你能明白一个父亲的心情吗？”显然，男孩的父亲被惹怒了。

医生又淡然地笑了，回答道：“我只能默诵《圣经》上的一句话：“‘我们从尘土中来，也都归于尘土。’请为你的儿子祈祷吧！”

男孩的父亲听到后，愤怒地说：“你不配当医生，更不配当一个父亲！只有一个人对别人的生死漠不关心时，才会这样说。”

医生嘴角抽搐了一下，但是没有说话，走进手术室。

几个小时后，手术顺利完成了，医生如释重负地从手术室走出来，对男孩的父亲说：“感谢上帝吧先生，你的儿子得救了！”还没有等到男孩的父亲反应过来，他便匆匆离去，边走边说：“先生如果您还有问题，可以直接问护士！”

“他怎么能如此傲慢？作为医生，连我儿子的情况也不向我说明，难道就连这几分钟的时间都等不了吗？”男孩的父亲已经冷静了很多，但依旧愤愤不平地对护士说。

顿时，护士的眼泪再也忍不住了：“先生，请您原谅他吧，他的儿子昨天在交通事故中身亡了，但是今天我们不得不把他请回来为你的儿子做手术。接到电话的时候，他正在去殡仪馆的路上。现在，他救活了你的儿子，又要赶去完成他儿子的葬礼。”

听到这里，男孩的父亲沉默了。

很多时候，别人的生活发生了什么，或者他们正在经历着怎样的波折和磨难，我们根本不会知道。人们习惯站在自我的立场上考虑问题，对他人可能会获得与事实真相完全相反的信息，无论怎样，你所看见的只是表象而已。

千人千样，每个人都有自己的故事，每个人都是自己故事里的主角。不管故事是平淡无奇，还是曲折坎坷，每个人都已经历不同的故事，或悲伤或幸福。换一个角度，你要学会欣赏和悲悯，学会善待他人。

所以，不要轻易指责别人，每个人因立场不同、所处的环境不同，很难了解对方的感受。如果你是为了纠正对方的错误，那为什么不去诚恳地帮助他分析原因呢？这种真心诚意的帮助，远比指责的作用明显而有效。

另外，对于他人明显的错误，最好不要直接去纠正。越是直截了当的语言，越会简单粗暴地伤害别人。生活中的非原则之争，不必争执不下，要学会冷静面对。这样不仅可以避免树敌，也会充分展示你包容的一面，赢得更多支持与合作机会。

对于原则性的错误，要注意尽量含蓄地进行示意。既然初衷是为了让对方接受你的意见，何必以伤人的举动来凸显自己。微笑、眼色、语调、手势都能表达你的意见，唯独不要直接说“你说的不对”“你错了”，因为这等于告知对方并要求其承认：自己比他高明，能改变他的观点，而这实际上是一种挑衅。商量的口吻、请教的诚意、轻松的幽默、会意的眼神，都有助于令对方心服，从而主动改变自己的错误。

3．站在对方的立场看问题

孙子兵法有云："知己知彼，百战不殆。"意思是，只有明白自己军中的情况，又能分析出对方军中的具体情况，才能成为百战百胜的军队。"知己"相对简单，因为每个人都有自己独到的看待问题的角度，难的是"知彼"，因为你很难完全体会对方思考问题的逻辑，站在对方的立场上看问题。而"知己"与"知彼"相比较，"知彼"又更为重要。

所以，但凡是生死相敌的对手，都懂得在看清自己的同时，认清对方的套路。而要正视对手的最好地办法就是站在对方的立场上看问题。在工作中，善于站在同事、上司、客户的角度思考问题，寻找解决问题的方法，显然有助于更早达到成功目标。

换一个角度，你会发现，并不是只有你是这个世界的主角。人生无常，谁都会有眼泪有悲伤。一个真正有内涵修养的人，能够自觉地为别人考虑，这是一种成全，用"慈悲心和包容心"去成全别人，其实也是在成全自己。

妻子正在厨房炒菜。丈夫在她旁边一直唠叨不停："慢些。小心！火太大了。赶快把鱼翻过来。快铲起来，油放太多了！把豆腐整平一下！"

"真烦人！"妻子脱口而出，"我懂得怎样炒菜，你快去忙自己的事情吧！"

“你当然懂，太太，”丈夫平静地答道：“我只是要让你知道，我在开车时，你在旁边喋喋不休，我的感觉如何。”

虽然是一则小笑话，却生动地说明了一个道理，每个人都有自己独立思考问题的模式，也就是相对独立的立场。人与人需要相互成全，这种成全就是设身处地为别人着想。当我们希望别人完成一件事情的时候，不妨先闭上眼睛好好想想。从对方的出发点考虑，类似“你为什么要那么做”这样的问题，要尽量委婉地提出来。虽然这样做很费时费力，但能够使事情朝着双方都满意的方向发展。你会发现，即使双方原来有摩擦，也会在不知不觉中消除，收获更多的是友谊。

记得之前看过一部小说，其中有一段情节写女子在现任男友的威胁下，被迫去敲诈自己的情人。事情很快败露了，女子觉得羞于偷生，就生了自寻短见的心思。而那个情人有一个诗人朋友，过来开导她。当时是在海边，这个女子在自己的愿望无法达成时，退到悬崖边，威胁说：“你不要走过来，否则我就会跳下去。”这个诗人没有被女子的冲动吓到，反而微笑着走近她，就这样轻松把她从悬崖边拉了回来。

类似的情境，是电影中经常出现的桥段，甚至在现实世界也出现过很多次。面对生命的威胁，他们能从容应对，靠的就是站在对方的立场上考虑问题的思维方式，或者说体会他人的恐惧感，而不是去接受对方投射来的恶意。

没有人会轻易放弃自己的生命，就像没有人会轻易放弃自己的立场一样。通常，那些过激的威胁言论，都是在掩饰内心中的不安；而作为正常人，对这种威胁的反应要么是担心或顺从，要么就是不耐烦。这就说明，我们还在严守自己的立场，却丝毫体会不到对方的无奈和恐惧。

在工作团队中，体会对方的立场也是很重要的。在面对同一项工作安排的时候，不同的人会有不同的反应，我们不能看到紧锁的眉头就觉得某人对这项工作没有信心，也不能仅凭某人活跃的情绪断定他对这项工作的期待。或许，紧锁的眉头只是考虑到了这项工作还有不足，或者最近有些难断的家务事，而活跃的情绪只是他认为这次工作机会有利可图，或者是约到了追了很久的女生。

展开工作后，也是如此。我们不能用完全一致的硬性标准去要求所有人，因为不可能每个人对一项工作的反应都是一样的；而对外的工作更是适用这套方法。

王阳明有一句哲言，“此心不动，随机而动”。意思是：我的心是空的，此时此刻没有欲念，而你的心一动，我会知道、会理解，而同时我会洞察到其中的一切虚妄，于是我可以对此作出行动。换句话说，即是“我能随时随地的体会到你的想法，能随我的心思进入你的立场考虑问题。”

历史上，宁王为了造反，准备了10年之久，各方面的准备都做得十分到位，甚至几乎收买了朝廷中所有重臣，所以宁王造反就像动动手指那么简单。与此同时，当时的皇帝朱厚照也是个正儿八经的“顽主”，每天只想玩耍，到了不理朝政的地步。

当宁王反叛时，全国形势在一夜之间变得非常严峻，但王阳明硬是在一开始没有一兵一卒的情形下，最后只用了三十余天就击败并活捉了宁王。

不过，从正面战场击败敌人只是一个开始，对于王阳明最严峻的考验却是在平叛后来自体制内部的打压。

当时，朝中头号权奸江彬有意为难王阳明，用种种方式刁难。其中一个考验是，江彬派爪牙张忠领一支京军去王阳明的属地江西南昌，百般找事，并每天都派人到王阳明家门口，一刻不停地辱骂王阳明，试图激怒王阳明。

这是一个巨大的挑战。王阳明是当时的第一号功臣，刚立下不世奇功，不仅没有得到奖赏和鼓励，反而被百般刁难，换做其他人，可能早就心灰意冷，被这种敌意给击中了。

但王阳明却没有认同这种敌意，而是化解了这种刁难。对于这支京军，他不仅不计较，反而善待他们，病了给药，死了给棺材。也从来不歧视他们，本地人吃什么，就给他们吃什么。

最后，王阳明化解了他们的敌意，这支京军拒绝继续受张忠的支使。他们心中对王阳明再也没有敌意。

站在对方的立场考虑问题，你会发现，你变成了别人肚子里的“蛔虫”。他所思所想、所喜所忌，都进入你视线中。在各种交往中，你就可以从容应对，要么伸出理解的援手，要么防范对方的恶招。对于围棋高手来讲：对方好点就是我方好点，一旦知道对方出什么招，大概就胜券在握了。

4．用宽大的胸襟容人

一个人的胸怀有多大，事业就有多大。拥有一颗能够装得下整个世界的心，你才有能托举起整个世界的力量。因为心胸宽大，即使惊涛骇浪来袭，也不过是心中的一点涟漪，甚至连波纹都泛不起一丝。

法国大文豪雨果曾说过：世界上最宽广的是大海，比大海更宽广的是天空，比天空更宽广的是人的胸怀。胸怀，不仅指一个人的心胸、道德、气质以及对生命的感悟等，还包括理想、追求、抱负、胸襟、视野和境界。有一等胸襟者，才能成就一等大业；有大境界者，才能建立丰功伟业。

观察大海，不禁想到做人与做事。这个繁华的大千世界，就好像一片无边无际的海洋，而组成这片海洋的正是熙熙攘攘的芸芸众生，否则怎么会有一个词叫作“茫茫人海”呢？相对而言，个人的力量是渺小的，就像大海里的一滴水。而一滴水要想拥有大海一样的气势、大海一样的智慧、大海一样的力量，就必须具有大海一样的宽广胸怀。

冰冻三尺，非一日之寒，大海之成其大也不是一日之功。一个人要想拥有宽大的胸襟，就要做到用胸怀囊括一切，也就是用仁爱去包容一切。曹雪芹在《红楼梦》中说过一句话，叫作“世事洞明皆学问，人情练达即文章”。宽广的心胸是通过社会和人情世故的历练和丰满才能达到的层次，需要我们用睿智的眼光洞明世事，练达人情，看得深、想得开、放得下。

回到现实生活中，宽大的胸襟不是“假大空”，甚至非常简单，就是做到能容人，能装得下事。心胸宽广要从小处入手，从小事做起，去尊重他人，也善待自己，把一次次宽容转化为自己的素养。能做到这些，你就可能拥有许多的朋友，拥有无穷的智慧，拥有丰富的内涵和强大的力量。

很多时候，我们去做一件事，常常缺少的不是知识和能力，而是胸襟、视野和境界。在工作中，如果能用包容的胸襟与人合作，自然可以轻松化解各种难题，顺利打开局面。

有一位高僧度人无数，很多对世事放不下的人，都来请求大师的开导。这位高僧有一个徒弟，平时聪明伶俐，但是爱斤斤计较，还常常跟师兄弟吵架。人们把这件事告诉了高僧，希望他能调节师兄弟两人的矛盾。

高僧观察了几天，心中有了办法。这一天，高僧把这个徒弟叫到眼前，然后拿了一包盐，并且给了他一杯水，让徒弟把这一包盐全部倒进这杯水里。同时，还嘱咐徒弟千万要把它搅均匀，最后叫徒弟喝一大口。根据生活常识，一包盐和一杯水混在一起，会有多难喝，因为盐的剂量太大，这一杯水完全是苦的！不是很咸，是很苦。

徒弟老老实实喝了一大口，结果全部喷了出来，一时间舌头都发麻了。随后，高僧带着这个徒弟一起进山。走了不远，看到一潭清澈的湖水，高僧又拿出一包盐来，叫徒弟全部倒进湖里，并且让他再喝一大口。

湖的面积很大，一包盐倒进去，根本没有对水质产生什么影响。徒弟按照高僧的要求，喝了一大口，反而觉得很甜。

接着，高僧说：同样一包盐，为什么倒进一杯水里是苦的，倒进一湖水里却是甜的呢？盐没有变，为什么味道变了呢？徒弟若有所悟，从此再也没和师兄吵过架。

为什么同一包盐倒到杯子跟倒到湖里，喝出来的味道完全不一样？盐还是盐，只是一杯子水放不下那么多的盐，而对于一湖水来说，一包盐却是微乎其微，区别只在于容量，能容得下盐，就不苦；容不下盐，就苦不堪言。

人在一生中要接触很多人，必须以宽广的胸襟与人交往才能有更多收获。一个人肚量小，那人生尝起来一定是苦的，看这也不顺眼，看那不顺眼。假如人生的肚量像这潭湖一样宽广，那喝起来什么味道？甜的，不会跟人家计较，心广天地宽。

在团队中，与人相处的过程中不可能没有摩擦和误会，只要不涉及原则，只要彼此都忍让一下，没有什么误会是解不开的。常言说“忍一时风平浪静”，并不是说懦弱地忍让，而是面对一些可说可不说的事情，怀着一颗虚怀若谷的心去对待它。比如，同事一句无心的玩笑话，戳痛了你的自尊心，只要你能确定这只是一次误伤，那就让这件事过去好了。毕竟一个成熟的团队需要每个人的付出，才能展现出非凡的凝聚力。

5．不要带着有色眼镜看人

孔子说：三人行，必有我师焉。意在教导人们，无论是什么样的身份，无论处在什么地位，只要有一技之长，有特殊的优点和长处，都值得学习。“三”是个虚词，并不是说一定要三个人，而是说在茫茫人海，处处都有值得我们学习和尊重的人。

生活中，人们更愿意通过长相、穿着、地位去衡量一个人。通常，外表优秀或是具有一定地位的人，更容易受到青睐。为什么今天这个时代常常被称作一个看脸的时代，就是这个原因。看脸同样也是虚指，并不只是样貌好看的人，就容易被人看得起，而是人们更愿意带着有色的眼镜看待他人。

经验表明，人们很容易尊重上司，尊重名门望族，尊重那些高高在上的人。另一方面，会忽视身边的某些人，觉得他们不如自己，没有丝毫可取之处。比如，那些打扫卫生的清洁工、勤杂工衣着简陋、面容沧桑，在有些人眼里是卑微到了泥土里的一群人。如果一个人过于势力，无疑会形成错误的认识，到头来害人害己。

先抛开向人请教的问题不说，带着有色眼镜看人这件事本身就是不可取的。作为相对独立的个体，每个人身上都有精彩的一部分，值得称赞。如果你不善于发现这些闪光点，反而盯着他人的不足、缺陷，那么就无法对他人形成公允的认识。在团队中带着有色眼镜看人，又怎么能与他人密切合作呢?

融洽合作的团队成员，必然相互信任、理解和支持，彼此接受对方身上的某些不足，去放大对方身上的优点。通过取长补短，大家实现出色合作，在执行中取得优秀业绩。

树林里有一个小池塘，小得几乎只有一汪水。一只蚂蚁路过池塘边，背着超过他体重数倍的食物碎屑，慢慢地往蚁穴走去。突然刮过一阵风，蚂蚁被吹到池塘里，虽然已经筋疲力尽，它仍旧不停地在水洼里挣扎，无论如何也够不到坚实的土地。

眼看蚂蚁命在旦夕，在树上休息的鸽子看到这一幕，赶忙叼起一片叶子丢进池塘。蚂蚁抓住叶子并且爬了上去，顺着叶子一直漂到了池边。蚂蚁得救了，它很感激鸽子的救命之恩，并对鸽子说："鸽子啊，谢谢你今天救了我，以后有机会我会报答你的。"

鸽子根本没把蚂蚁的话放在心上，它不觉得自己会有什么地方需要一只蚂蚁帮助。

过了几天，蚂蚁又路过这片池塘，看到停留在树枝上休息的鸽子。它准备打招呼，突然发现猎人的枪口正瞄准了树上的鸽子，可是鸽子却一点儿也没察觉。

这个时候，蚂蚁再去提醒鸽子已经来不及了。于是它立刻跑到猎人身边，并且爬上了他的脚。就在猎人开枪之际，蚂蚁狠狠地咬了一口。

猎人当时感到脚上剧痛难忍，子弹也打歪了，鸽子听到枪声迅速飞起来，由此逃过了一劫。就这样，蚂蚁报了鸽子的救命之恩。

即使是小蚂蚁也可以在关键时刻帮大忙！虽然这只是一则寓言故事，但在现实世界中，类似的情况并不少见。很多在平时看似不起眼的人，从事着各种平凡而又辛苦的工作，他们只是芸芸众生中沉默的大多数，却能在关键的时刻迸发出极大的力量，发挥关键作用。

工作中也是如此，大家在同一家公司做事，无论是市场营销还是库房管理，无论是项目策划还是前台迎宾，都是这个公司不可或缺的一部分，只是工作分工不同。在做好本职工作的同时，你没有道理和资格去随便评述别人的优劣。你怎么知道公司的保洁阿姨写不出优秀的活动策划，须知她参加过各种促销优惠活动，比你见过的客户还多；你怎么可以小瞧担任公司库管的大叔，要知道他每天面对数以千计的产品和原材料的入库、出库。

向人求教时，切勿先被一种成见所蒙蔽，不要以为自己的身份比别人高，不要以为自己的能力比别人强，就自以为是。包容他人的不足，理解对方有过人之处，在与对方沟通时才能放下身段，保持理性分析和判断。相反，如果戴着有色眼镜看人，不但会显露你的吝啬、短板，而且不利于实现完美的团队合作。

当然，也不必随着自己的喜好，去请教与专业领域毫不相关的人。民间的确高手众多，但是并不是所有人都是高手，许多专业的问题需要专业的人士才能解答。当然，他可能职位比你低，年龄比你小，但是只要懂得比你多，就能成为你在专业领域里的指导者。

向人请教，不必注重对方身份的高下，但必须问对人。太爱面子，自认为身居高位了不起，就注定为自己的鲁莽行为大失面子。

6. 沟通带来理解，理解带来合作

在团队建设这个问题上，“沟通”无疑是解决所有问题的钥匙。一个卓越的团队，沟通理解是合作的基础，要谋求自身发展，就必须追求对合作双方都有利的一面，经由合作达到共赢。

一个筹划已久的商业计划，离不开巧妙的沟通工作。只有贯通上下，才能让计划完美实施。单说沟通的必要性往往无法深入理解，这里讲一个沟通失败的案例，从反面进行印证。

小明即将中学毕业，学校要举行盛大的毕业典礼。为了给自己的中学生涯画上一个圆满的句号，把这一最美好的时光留在记忆里，小明提前一天买了一条新裤子，准备在毕业典礼上穿。

可是，小明把裤子买回来一试才发现，裤子并不合身，而且长了两寸。他不打算换了，就趁着吃晚饭的时候，当着奶奶、妈妈和嫂子的面宣布：新买的裤子不合体，长了两寸，希望有时间帮自己改一下。小明说完，大家埋头吃饭，谁也没有应声，但是小明知道家里人的脾气，一定会在明天改好的，所以没有继续强调。

饭后，大家都去忙自己的事情了，小明也早早地上床休息了。

妈妈把晚饭收拾妥当，开始做些针线活。因为做得投入，睡得比较晚，在临睡前想起儿子明天要穿的裤子还长两寸，于是悄悄地把裤子剪好、缝好，并放回原处。但是她并没有对任何人提起，毕竟妈妈的爱总是这样无微不至，而且这样的小事也不值得妈妈到处宣扬，所以谁都不知道妈妈已经把裤子改好了。

全家人很快进入了梦想，到了后半夜，狂风大作，窗户“哐”的一声把嫂子惊醒了。嫂子醒来后，突然想到小叔子新买的裤子长两寸。她觉得自己辈分最小，小叔子岁数最小，改裤子的事不能让老人费心，于是披衣起床将裤子处理好后才安然入睡。只是大半夜，谁也不知道嫂子做了好事。

第二天天不亮，奶奶就醒了。奶奶觉轻，每天早起给小明做早饭。想到孙子昨天说裤子长两寸的事，于是动手迅速将裤子缩短了两寸。

就这样，因为一家人事先没有商量，事后也没有说明，第二天小明只好穿着短四寸的裤子参加毕业典礼了。

这就是沟通不畅的危害。由此可见，如果缺少沟通，即使有再好的创意也不能很快投入生产；如果缺少沟通，即使再完美的计划，也不能有效地执行，甚至很有可能弄巧反拙，导致公司的人力、物力和资金重复浪费在一件事情上，而且还把工作搞得更糟糕。困此，在公司里，你一定要学会与人沟通。

无论是员工之间，还是上下级之间，做到良好有效的沟通是非常重要的，这是团队内部和谐的保证，也是团队成员有效合作的保证。

在公司里，每个人都有自己的立场和想法，但是只要有了沟通，大家就可以达成共识；在工作和生活中，每个人都有自己的个性和处事方法，难免会有摩擦，但是只要有了沟通，同事之间就可以消除很多误解。因此，沟通是保证公司内部工作环境和谐、密切的关键因素。

工作中的不协调时有发生，但其实有很多冲突纯属是误会，只是大家面对一个问题从不同的侧面进行理解的问题。这个时候就要充分发挥沟通的作用了。沟通依赖真诚，也有技巧，它们相辅相成。要记住，沟通的主角不是语言，而是人和人，心与心。

对团队成员来说，要进行有效沟通，可以从以下几个方面着手：

第一，知道说什么，即明确沟通的目的。显然，目的不明确就意味着你自己也不知道说什么，自然也不可能让别人明白，当然就不会达到沟通的目的。

第二，知道什么时候说，即掌握好沟通的时间。在沟通对象正大汗淋漓地忙于工作时，你要与他沟通显然不合适宜。所以，沟通前先问一问“你有空没”“忙不忙”，这是很有必要的。

第三，知道对谁说，即明确沟通的对象是谁。经验表明，虽然你说得很好，但你选错了对象，自然也达不到沟通的目的，甚至事与愿违。

第四，知道怎么说，即掌握沟通的有效方法。语言是沟通的媒介，交流的时候必须使用对方听得懂的语言，你所展示的文字、语调及肢体语言能够被对方理解和接受。

总之，一个团队没有默契，就无法发挥团队绩效，而团队缺乏有效沟通，就不可能达成共识。因此，应该积极鼓励身边每个人将自己放在一个掌握企业命运的高度上，善用任何沟通的机会，为自己创造出更多的沟通途径，与身边的人进行充分交流，这样才能凝聚团队共识。

7．善于协调内部关系

“再坚固的堡垒也是从内部攻破的”，这句话充分说明了内部协调对于整个团队的重要性。当一个团队不断地趋向成熟，各项制度得到完善的时候，就是这个团队最脆弱的时候。这绝不是在危言耸听。

当团队整体的外部建设不断趋于完善的时候，内部关系也在经受着考验：一方面需要不断地适应团队建设的需要，另一方面还要维持上下级之间、同事之间的关系稳定。所以在这个时候，也是整个团队最容易动摇、崩溃的时候，也就是我们常说的“为山九仞，功亏一篑”。

当然，这不仅仅是简单几句话就能解释清楚的，其中还有很多重要的因素相互制约。这也在提醒着我们，要重视内部关系的协调。这份重视不只对于老板来说，更是对团队中的每一个人来说。因为团队的利益与我们息息相关，只有每个人都具有主人翁意识，具有主动协调内部关系的意识，团队才能更有凝聚力。

在现代企业中，上下级关系已经发生了微妙的变化。虽然彼此之间还是等级森然、秩序井然，但是随着就业多元化和职业双向选择意识的不断普及，上下级之间少了那种从一而终的“保守思想”，转向了互相妥协、协调工作的合作关系。如果你总觉得在为老板打工，只关心自己的得失，那么你就只能是打工的身份，并且一直处于“被剥削”的地位；相反，如果你能认识到与老板休戚与共的合作关系，并为二人之间的共同体排忧解难，老板也会把你看作公司的中流砥柱，给予充分的信任。

同事之间的关系则相对简单一些，彼此之间基本就是一种合作关系，当然还可以是朋友关系。所以，在处理同级之间的同事关系的时候，要像处理朋友之间的关系一样真诚待人，能忍则忍。当然，这不是说对待同事要放弃基本的原则，而是在面对团队问题的时候，每个人都应该有奉献精神，一齐为团队出力。

位于美国的德州仪器公司，是目前世界上最大的模拟电路技术部件制造商，全球领先的半导体跨国公司。这家公司十分重视团队内部关系的协调，他们认为作为团队中的一份子，需要有共同的奋斗目标。因为分散的目标会造成团队资源的浪费，甚至可能互相抵消，让本应该凝聚起来的力量被削减。

为了明确内部协调的工作方向，德州仪器曾经提出一个口号："写出两个以上的目标就等于没有目标！"乍一听可能觉得不明所以，仔细回味却发现，这句口号简单粗暴地把团队内部目标统一这句话，说出了高端的感觉，很鞭辟入里。

当初为了使公司能尽快走上正轨，公司的前任总裁哈格蒂曾经在制定目标、战略以及制度等问题上花去了整整10年的时间。当然，这十年的工作内容不是简单地几个短语就能概括清楚的，但是这一系列的目标、战略和制度却帮助德州仪器取消了僵化的沟通模式，并且将责任心牢牢地印在了所有员工的意识深处。最终，公司凭借高质量的产品和优质的服务，在全球范围内站稳了脚跟。

从此以后，德州仪器公司认定了一个事实："我们曾身临其境，并已克服种种困难。以前每个经理本来都有一组目标，然而经过我们不断地削减后，现在每个产品顾客中心的经理都只有一个目标。因而你绝对可以期望他们实现那个目标。"

这种几乎是强制所有人牢记的目标，成了德州机器的道德标杆和工作标准，并在此基础上建立和维持了一套独特的工作方法。当然这一系列方法和目标的成功，主要是因为一线工作人员的积极配合——规章制度都是由他们来制定实施的。所以，在团队中个体也在深深影响着整体功能的实现。

有了一样的目标，就要为了目标的实现付出努力。而为了最终能实现目标，需要团队中的所有人都以团队利益为重。因为个人只有善于服从团队的举措，才能发挥出绝对的优势。

在现代企业中，上下级关系都已经不再提“绝对服从”的要求了，但在树立共同目标之后，处于内部关系协调的需要，人们需要更多地顾及绝大多数人的利益。并不是因为少数人不重要，而是在目标一定的情况下，大多数人的支持才是成功的基础。况且，因为目标一致，大家各自的利益也有了趋同性，不会出现挫伤员工积极性的情况。

这足以说明，员工与公司制定目标相一致的重要性及它所释放出的无穷“生产力”。如果经营者注意到这一点，那么公司发展就有了良好的契机。如果员工在日常工作中也很好地贯彻这些内容，那么公司就容易实现良性发展。

8. 放下你的挑剔之心

人生有一个误区是，对自己追求完美，对别人求全责备，对事物苛求圆满。当然，这不是提倡以一个避世的心去生活，而是劝解大家适可而止。生活中难免会有让自己不满的事或人，如果遇人处事都讲究毫无瑕疵，这些过分的期望就会带来挑剔的眼光，不仅会搞得自己筋疲力尽，还会引起他人不满。

美国著名心理学家克里斯托弗有一句正确描述挑剔的名言，他说："过分期望就是愤怒的前身"。只会对他人求全责备的人，往往既是自我嫌弃的自卑者，又是挑剔别人的高手。他们自己总想把自己欠缺的补回来。这就是所谓的过分期望，一旦难以达到，就很容易作茧自缚，看别人也不会顺眼，一味地挑别人的毛病。

这也是人的天性，总是能看到别人的不足，却不肯做到严于律己。事实上，每当你背着老板暗自腹诽，对着同事吹毛求疵的时候，真正有问题的可能是你。

有一颗挑剔的玫瑰花种子，常常以为自己是妖娆美丽的玫瑰花，认为自己应该享受到最明媚的阳光、最充沛的水源、最新鲜的空气。她常常觉得作为玫瑰花的种子，就要这么骄傲，才配得起自己的美丽。

眼看就要到埋入土壤生根发芽的季节了，其他鲜花的种子有的已经开始在土地之下扎根了，玫瑰花种子还在挑剔地选择扎根的地方。

这一天，她招呼小鸟，请他把自己送到一个阳光充足、水分丰沛的地方。于是，小鸟就把她带到了花坛里，这里不仅能保证每天有充足明媚的阳光、滋润的水分，而且环境优美，还有很多其他的鲜花种子作伴。

小鸟问："玫瑰花种子，这个地方你满意吗？"

"小鸟啊，这里环境倒是不错，只不过花坛里的花儿太多了，而且这里一点也不安全，每天都要担心小朋友会采摘我。小鸟啊，请把我送到另一个地方吧。"

小鸟听了她的话，就把她含在嘴里，送到森林里去了。这里没有那么多鲜花，也不会有小孩子摘花。"这下总满意了？"小鸟又问。

玫瑰花种子说："小鸟啊，这里确实很安全，但是这里的树太茂盛了，挡住了阳光，晒不到太阳我就长不高。而且这森林阴森森的，我好害怕啊，请把我带到另一个地方吧。"

随后，小鸟又把她带到了大草原。这里的环境比花坛还要好，没有孩子来捣乱，又不会阴森森地让人害怕，对种子来说简直是天堂啊。小鸟对玫瑰花种子说："你总该满意了吧？"

谁知道玫瑰花种子又提出了要求："好是好，但是这里没有花草陪我说话，太无聊了。我希望能找到一个更好的地方……"

这次，小鸟再也忍不住了，他从来没有见过这么难伺候的种子，对她挑剔的态度也很生气。于是，索性把玫瑰花种子随意丢在了一旁。于是，这颗挑剔的玫瑰花种子再也没有机会在土壤里生根发芽了。

挑剔的人永远得不到机会，永远不会有幸福。很多挑剔的人常用"有鞭策才会有动力"这种有毒鸡汤为自己辩解，却忽略了挑剔和鞭策不同。鞭策是有针对性地提出问题、解决问题，而挑剔是毫无道理地对他人指手划脚。而且，挑剔在人际关系中的破坏作用尤其明显，挑剔的话语一般都比较刻薄，而且一些人因为自卑心理或者嫉妒心理，已经预设了不平等的关系，经常是三言两语就引起了对方的不满，进而破坏人际关系。

在工作中，不要对任何事吹毛求疵。无论你是老板还是员工，无论你面对的是上级还是新手，都不要去随意地评论别人或者挑剔他人。由于挑剔是出于自己主观的评判标准，缺乏进一步商量沟通的余地，所以妨碍建立深入的沟通关系。

然而，偏偏有一类人专门喜欢挑老板、同事的缺点和错误。他们或是出于自卑心理或是由于嫉妒他人，总是寄希望于利用他人的错误来证明自己的聪明，结果将自己带进了与人交恶的死胡同。

事实上，这样的人即使留在团队里也不会有大作为。因为他已经把大把的时间用在了挑剔上。不难理解，一个人把精力和时间花在了对别人的品头论足上，又怎么会有心思努力完成工作呢?

如果你只能看到别人的缺点，就会陷入漫无边际的挑剔和指责中。所以，你必须学会看到他人的优点。同时，你应该认识到，挑剔针对的是过去而不是未来。对已经发生的事情过分挑剔，什么也不能挽回。如果我们能改变态度，少一些指责，多一些赞美，那么就能进入良性的工作状态。

第九章

坚守奋斗之心：不努力，谁也给不了你想要的成功

人生就是一场殊途同归的旅行，只不过有人坐车有人走路。仔细想想，我们真的不需要那些不切实际的梦想，也不用去羡慕别人身上的光芒。从现在开始，只要脚踏实地，努力做事，终究会一步步接近成功的目标，实现自己的职业梦想。

1. 努力工作，迟早会有回报

常言道：“天下没有免费的午餐。”任何价值都需要经过自己的双手去创造，才能将其牢牢地掌握住，否则终究是昙花一现，甚至还会付出额外的代价。由此看来，如果想要得到什么，就要付出相应的努力。不只是人类社会，自然界也是弱肉强食，永远遵循着物质守恒定律的。

无论哪家公司，最肯下苦功夫钻研工作、提高业务能力的人，一定是老板最欣赏的人。不妨多留意身边的同事，也可以去问问周围的朋友，公司里面薪水最高的那些人，多次受到老板夸奖的人，一定是那些平时工作表现最杰出的人。

因此，如果想要在公司中获得更大的机会，领到最高的薪水，只有一个秘诀，就是安心做事，更努力地工作。

陈可辛导演的《中国合伙人》里，黄晓明扮演的成东青说过这样一句话：“掉在水里，你不会淹死；呆在水里，你才会淹死。”的确，长期处在一个相对安逸的环境里，会变得不思进取，不愿意为了工作而努力奋斗。

工作中，许多人不想办法提高个人业务能力与职业素养，整天安于现状，甚至在上班时“忙里偷闲”，在工作时间做其他事情。他们习惯上班迟到、早退，以出差为名到处旅游而不办正事。这些人虽然占着公司的职位，却没有做出任何成绩，简直就是团队里的吸血虫。长此以往，他们不仅会拖累团队，阻碍团队效率，还会给团队里的其他人造成极其恶劣的影响。显然，这些人很难得到晋升机会，即使他们想要改换门庭，也不会有公司对他们感兴趣。

相反，如果你一直努力工作，始终在进步，就会有一份相对完美的人生记录，在公司甚至整个行业拥有一个好名声。而这种良好的声誉将陪伴你一生，是终生的财富。

但是努力工作，用力生活并不代表你要在一个位置，不知所谓地埋头苦干，那样做只会令你的工作激情消耗殆尽。相比努力工作，找对方向更加重要。也就是说，只有在对的事情上努力，才能得到相应的回报。

现实生活中，许多人都抱着一种想法：只要我努力工作，老板就会发现我的闪光点。然而，他们忽略了另外一个道理：没有意义地努力工作，只会浪费你的精力和宝贵的时间，并丧失自我成长的空间。

其实，每个人不仅在为老板打工，也是在为自己工作。工作不仅仅让我们获得薪水，更重要的是教给我们经验、知识。通过工作，你可以提升自我，让自己变得更有价值。聪明人会在公司事业的发展过程中实现自己的事业目标，其个人价值会随着公司的发展而不断增值。

总之，如果你确实做得够好，那么在推动公司发展的同时，自身的事业也必将获得伟大成就。努力工作，迟早会有回报，因为努力工作是提高自己能力的最佳方法。工作中，你可以把每天的努力当作学习机会，从中学习处理业务，学习人际交往。坚持下去，不但可以获得很多知识，而且可以为今后的工作打下坚实的基础。

2．布置不等于完成，简单不等于容易

西方有句名言：“罗马不是一天建成的。”伟大总是源于无数细节的堆积，在古代那样缺乏大型机械的情况下，人们就能在蜿蜒连绵的群山之间修筑一道雄伟辉煌的万里长城。今天，更多人只是感叹长城的雄伟壮丽，却终究难以体会当初建造时的困难。

世上无难事，只怕有心人。世上所有的事都不是小事，简单不等于容易，越是简单的事情越要计划周全、执行到位，毕竟狮子搏兔亦用全力。工作中，只有浮躁被扎实所代替，冲动被理智所折服，才能花大力气把小事做细，把事情做好。“布置不等于完成，简单不等于容易”，这是成就大事不可缺少的基础。

生活中，经常有人会这样问，所谓的成功者到底比失败者多了些什么呢？为什么人和人之间会有这样大的差别呢？不可否认，正常的成年人之间在智力和体力上没有很大差异，决定成败的是认真做事的态度，以及把细节执行到位的努力。

其实，许多事情都是琐碎的小事，于是很多人认为如果付出太多努力就是小题大做，所以往往漫不经心地去做，结果不尽如人意。究其根源，当一个人看轻这些“小事”，觉得简单容易就不肯认真做，显然无法达到圆满的结果。在生活中把问题不当一回事，这种态度本身就是不可取的。

其实，简单不等于容易，只有处处严格要求自己，才能给自己一个满意的结果。

几千年前，老子就曾经说过："千里之行，始于足下。"很多事情并不是我们想象得那么伟大、那么完美，具体要做到什么程度，还是要看具体执行到什么程度。现代管理观念也认为，布置不等于完成，即某项工作的完成程度不与规划完美程度完全一致，关键还是要看如何做；而在执行的过程中，简单也不等于容易，事无大小，都需要精心规划认真执行。

关于规划和执行，这里讲一个概念：一百减一等于零。管理上认为，绝大多数人一辈子都在做简单的事，都在做反复的事，甚至做完全没有趣味的事，这虽然很悲哀，但这就是生活。而所谓成功人士的精彩人生，不过是一直做着简单而又重复的工作，最终取得成就换来的。

在现代社会分工条件下，很多人不能遵照自己的意愿做自己喜爱的工作，尽管这份工作可能有着优厚的待遇。显然，面对一份看似简单的事情，我们应该静下心来，简单的事情重复做，重复的事情坚持做。如果能做到这一点，就可以把小事做细，把细事做透。这种习惯的养成，将是个人素质的一小步，也会是民族素质的一大步。

从前有一间寺庙，香客众多，逐渐成了远近闻名的名刹。寺里的僧众也不少，每位僧人都有自己的专属工作，有的负责挑水做饭，有的负责打理菜园，有的负责在山门迎来送往，有的潜心钻研佛法，还有人在阁楼上撞钟。

按规矩，撞钟这项工作要由资历最小的僧人担任的。

寺里有一个小和尚担任撞钟一职已经有半年多了，他每天面对那一口大钟和一柄钟锤，当僧人在清晨做早课时就敲钟，在吃午饭的时候敲钟，在关闭山门的时候敲钟，在做法事时敲钟。小和尚对这项工作已经十分厌烦了，觉得无聊之极。反正只是"做一天和尚撞一天钟"而已，也没有什么难的，主持怎么要求，自己就怎么做，于是小和尚得过且过。虽然没有什么错漏，但是终究做得漫不经心。

直到有一天，住持突然宣布调他到后院劈柴挑水，原因是他不能胜任撞钟一职。虽然劈柴挑水和撞钟本身工作量没有什么大的变化，但是小和尚还是很不服气，于是问主持："我撞的钟难道不准时、不响亮？"

老住持耐心地告诉他："你撞的钟虽然很准时、也很响亮，但钟声空泛，没有感召力。钟声要唤醒沉迷的众生，因此撞出的钟声不仅要洪亮，而且要圆润、浑厚、深沉、悠远。而你每天只是把撞钟当成一件无聊的小事，做起来也不用心，所以你不能胜任撞钟一职。"

小和尚每天按时撞钟，却因为不能用心完成这样一件简单地任务而被免职，的确令人警醒。如果小和尚进入寺院的当天就明白撞钟的重要性，也不会被撤职。生活中，总有一些员工存在一个误区，认为自己只不过是企业执行的最末端，按时按量完成上面交代的工作就好了，工作的完成程度、业绩如何，都和自己无关。在他们看来，那是公司策划人员关心的事情，好方案才是一切的根本。

事实上，把一个好方案放在抽屉里、放在口头上，它会自动生效吗？答案显然是不能，它必须借助于不折不扣的落实才能变成现实。因此，员工一旦接受了任务，就要坚定执行，把工作做到位，付出千百倍的努力和汗水。

工作的正式展开是从布置以后才开始的，工作的内容始终需要贯穿落实的全过程。这就需要员工具有细节意识，明白自己应该做什么、应该做到什么程度。虽然这样的规定过于死板，但是在执行之初有助于提高效率。比如，通过清单习惯来培养员工的细节意识，这种清单如果每天都做好了，每周都做好了，那么思维模式也会发生变化。有意识地在做事之前做好计划，那么执行力也会有很大的提高。

3．培养永不放弃的精神

说起“永不放弃”，最先映入脑海的大多是电视剧《士兵突击》里王宝强扮演的许三多，他说的最多的一句话就是“不抛弃，不放弃”。剧中的许三多一开始是一个老实到木讷、保守到懦弱的人，甚至进入部队后还把招他入伍的班长当成了依靠。然而就是这样一个木讷懦弱的小兵，在七连“不抛弃，不放弃”的口号中，一步一步成长为兵王。

电视剧多少有点虚构成分，但这份精神是实实在在的。荀子在《劝学》中提到，“蚓无爪牙之利，筋骨之强，上食埃土，下饮黄泉，用心一也；蟹六跪而二螯，非蛇鳝之穴无可寄托者，用心躁也。”这句话清晰生动地向我们阐述了锲而不舍和锲而舍之之间的区别。

第二次世界大战之后，曾经扶大厦于将倾的前英国首相丘吉尔，在功成身退之后应邀在剑桥大学毕业典礼上发表演讲。当时，人们都将他看作是这个国家的英雄，因为在他的坚强领导下，英国人最终赢得了反法西斯战争的胜利。显然，大家期待听到他最终带领人民走向胜利的秘诀。

丘吉尔在剑桥大学的演讲更是出人意料，只有短短的几句话，“我成功的秘诀有三个：第一是，决不放弃；第二是，决不、决不放弃；第三是，决不、决不、决不能放弃！我的讲演结束了。”

同样，以永不放弃精神著称的还有美国著名的激励大师莱斯·布朗。

布朗的童年并不幸运，甚至可以用悲惨来形容，因为他一出生就遭到了亲生父母的遗弃，后来被列为“尚可接受教育的智障儿童”。

即便在这样缺乏关爱和帮助的环境中，布朗依旧人格健全、身体健康地成长起来，并且取得了不斐的成就。究其原因，主要得益于他在中学期间一位老师的教导，“不要因为人家说你怎样，你就以为自己真的怎样。”这句话深深地印在了他的心里，并使他养成了一种不达目的誓不罢休的拼搏精神。

无论你身处何地，面临着怎样的境遇，请牢记一点：无论在任何环境，做任何工作，想要实现目标就需要不达目标誓不罢休的精神。

有一位著名的推销大师，年轻的时候做推销工作，几乎从社会最底层做起。期间，他经受了无数冷眼和嘲弄，推销过大宗商品，也介绍过鸡毛蒜皮的小批量货物。多少年的风风雨雨走下来，他终究取得了辉煌的成就。

现在因为年龄大了，他决定结束自己的职业生涯。同行、后辈们知道了，就邀请他做了一场演讲，希望从他的演讲中获得事业成功的诀窍。

演讲这一天，会场里座无虚席，人们都在热烈地讨论着，热切地等待着大师的出现。就在万众瞩目的档口，会场舞台上的大幕徐徐拉开，出现的不是大师，而是一副搭起的铁架，上面有一个被吊起来的巨大铁球。随后走出来的是一身运动服的老者，站在了高大的铁架旁。

人们猜测大师究竟想要干什么，这时两名工作人员合力抬上来一个大铁锤，主持人也从观众台随机邀请了两位身强体壮的观众上台。大师请他们想办法，用大铁锤使吊着的大铁球荡起来。

观众奋力地抡起大锤砸向吊着的铁球，一声震耳欲聋的响声过后，吊球纹丝未动。另外一个观众也使用同样的方法，两人反复地砸向铁球，除了把自己累得气喘吁吁之外，一点效果也没有。

会场再次热闹起来，人们不知道大师究竟想要干什么。就在这时，推销大师从上衣口袋里掏出一个小锤，然后开始认真地对着那个巨大的铁球敲打。他用小锤对着铁球“咚”地敲了一下，然后停顿一下，再用小锤敲一下。

时间一分一秒地过去了，人们的耐心也在不断地被消耗着，开始骚动起来，大师却仍然专注地用小锤不停地敲着，仿佛根本没有看见人们的反应。许多人愤然离去，会场上到处是空着的座位。

10分钟过去了，20分钟过去了，30分钟过去了，终于在40分钟后，坐在前排的人突然叫道：“球动了！”

刹时间，会场再次变得鸦雀无声。人们发现那个球开始以很小的幅度摆动起来，大师就配合着这个频率，一小锤一小锤地敲着，铁球也在大师的敲打中越荡越高。它拉动着那个铁架子“咣咣”作响，他的巨大威力强烈地震撼着在场的每个人。

片刻之后，会场爆发出了雷鸣般的掌声。

通往成功的道路往往是漫长与曲折的过程，它需要我们有持久的耐心，以及不断奋进的耐力。如果你没有足够的耐心等待成功的到来，那么就要用一生的耐心去面对失败。人和竹子一样，也是“一节一节地成长”，每过一道“坎”都会有战栗和紧张感。闯得过去就意味着你上了一个台阶，这就是不断进步。

诚然，人们在追求目标时总会遇到各种各样的困难或干扰，比如家人的反对、朋友的不理解、外人的讽刺挖苦，甚至直接言语攻击等。但是，人生哪有一帆风顺，轻易得来的也不会是真正的成功。这时，你要紧紧盯着目标，不要轻易被困难吓倒，也不要被自己要走的路所迷惑。正确的做法是，用耐心面对失败，排除任何干扰，不达目标决不罢休。

你的坚持、韧性、排除干扰的能力，对成功是至关重要的。只要相信自己的路是对的，只要能咬牙坚持到底，那么最终的成功就一定属于你。对每个人来说，坚持才是圆梦的捷径。

4．记住，没有不可能的事

《聊斋志异》的作者蒲松龄在多次参加科举考试却又屡次不中的时候，曾经写下过一副励志对联来勉励自己，全联是：“有志者，事竟成，破釜沉舟，百二秦关终属楚。苦心人，天不负，卧薪尝胆，三千越甲可吞吴。”

这段话虽然是蒲松龄在勉励自己，但即便放在今天这个时代来看，也不失为一句充满正能量的话。世界上没有那么多的不可能，就像最早几乎所有人都没有想到马云会成功一样，用受限制的眼光去看问题，总会有很多阻碍和不可能，而当你的内心坚定了没有什么能把你阻挡的时候，你的人生也终将是一片坦途。

请牢记一点，这个世界上没有不可能的事。无论遇到什么难事、难题，只要心存奋斗之心，就能主动寻找方法，成功突破眼前的困境。

19世纪，很多人都认为从太平洋沿岸修一条铁路到世界第二高山安第斯山是不可能的事情。但是一个波兰血统的工程师欧内斯特·马林诺斯基，却在1859年把这件事做成了。

当时马林诺斯基认为，如果想要修建这样一条铁路，唯一可行的就是从秘鲁的海岸，修建一条从卡亚俄修到海拔15000英尺高的内陆铁路。

但是作为世界第二高峰，安第斯山脉不是那么容易征服的。其6962千米的海拔高度险情四伏，使得修筑工作十分困难。再加上因为独特的地理地质环境，冰河与潜伏火山并存的严酷环境，整个修建工作一时陷入僵局。

在经过一小段的平缓地势之后，安第斯山脉的走势骤然陡峭起来，一下子窜到上万英尺的高度。当时马林诺斯基的团队估计，如果想在这样陡峭险峻的山脉中修建铁路，恐怕需要开凿很多隧道，而且还要借助“之”字形和“Z”字形的线路规划。

事实就是像马林诺斯基和他的团队预计的那样，整个工程有大约100座隧道和桥梁，其中的一些隧道和桥梁是建筑工程上的精华。很难想象，在如此起伏巨大的山地中是如何靠那些较为原始的工具完成这个工程的。

时至今天，铁路仍然在那儿，它是修建者坚韧不拔的证明。

马林诺斯基和他的团队坚持世界上没有不可能的事。为此，他们不断地超越自我，追求卓越。他们之所以成功，是因为坚持不懈地去努力。一个追求卓越的员工，必须有这种精神。

“没有什么不可能”不只是李宁的口号，更是西点军校的名言，也是西点人的口头禅。西点军校教官鲁斯对学生这样说：“没有办法或不可能对你没有任何好处，它只能使事情画上句号，所以请马上删除这样的想法。而总有办法对你有好处，它使事情有突破的可能，所以应该把它加入到你的大脑中。”

在西点军校流行着这样一句话：没有绝对不可能的事情，只要你勇敢地尝试了，你就有达成目标的可能。你要想办法创造可能性，这样事情才可能得到解决。作为年轻人，你也应该具有西点人的这种精神。面对挑战，唯一能想出办法的只有你自己。什么都不去做，只想依靠别人，局势根本没有改变的希望。人生的一切变化，都是源于自己的不断开拓。

有一家大公司高薪招聘产品营销员，广告打出来以后，报名的人非常多。相马不如赛马，考官出了一道实践性的试题：以十日为限，想办法把木梳卖给和尚，录用卖得最多的那个人。

绝大多数应聘者感到困惑不解，甚至愤怒：出家人要木梳何用？这不明摆着拿人开玩笑吗？于是纷纷拂袖而去，最后只剩下三个应聘者：甲、乙、丙。

十天以后，三人回来复命。甲讲述了历尽的辛苦，游说和尚应当买把梳子，惨遭和尚的责骂，好在下山途中遇到一个小和尚一边晒太阳，一边使劲挠着头皮。甲灵机一动，递上木梳，小和尚用后满心欢喜，于是花2元钱买下一把。

乙说，他去了一座名山古寺，由于山高风大，进香者的头发都被吹乱了，他找到寺院的住持说："蓬头垢面是对佛的不敬，应在每座庙的香案前放把木梳，供善男信女梳理鬓发。"住持采纳了他的建议。那座山有十个殿，按每把5元钱的价格卖出了10把木梳。

丙来到一个颇具盛名、香火极旺的深山宝刹，朝圣者、施主络绎不绝。丙对住持说："凡来进香参观者，多有一颗虔诚之心，宝刹应有所回赠，以做纪念，保佑其平安吉祥，鼓励其多做善事。我有一批木梳，您的书法超群，可以刻上'积善梳'三个字，便可做赠品。"住持大喜，立即以每把10元的价格买下1000 把木梳。

最后，丙被公司录取了。得到"积善梳"的施主与香客也很高兴，一传十、十传百，朝圣者更多，香火更旺了，每年卖出木梳数万把。于是，丙又向公司和寺庙建议开发系列产品：金、银、铜、玉 、牛角工艺梳，刻上佛经禅语，由大师开光。分别赠予捐赠善款千万、百万、十万、一万以上的施主，结果反响非常强烈。寺庙一再扩建翻修，公司和寺庙双赢。

现代企业中，越来越需要转变思维去做事情了。员工在接受一项工作的时候，除了坚定必胜的信念之外，还有能够从事情的另一面去思考问题的思维。"曲线救国"虽然有逃避困难之嫌，但是思维的转变往往能打开一个崭新的世界，从而用更省力、更快捷的方法解决问题、完成工作。从本质上来说，牢记没有不可能这件事，是提升员工办事效率的有益方法。

5．胜利就是比别人多坚持5分钟

荀子在《劝学》一文中说了这样一句话：“骐骥一跃，不能十步；驽马十驾，功在不舍。”意在劝导人们，遇事情要有耐心。这里的“耐心”既是指心力的比拼，也是指做事的毅力。你的极限也是对手的极限，你坚持不住了对手其实也坚持不住了，就看谁的心力强大，谁能多坚持5分钟，谁就是最后的赢家。

面对能力水平不如你的人，要提防他咬牙坚持，也许只是多坚持了5分钟，就有可能后来者居上战胜你。而和你水平能力相当的人，更加不能放松警惕，因为也许只是5分钟的差距，就可能改变你们之间的竞争结果。面对比你能力高的人，请务必多坚持5分钟，给自己一个交代，也给自己一个机会。

胜利者往往是从坚持最后五分钟的时间中得来成功。其实在现实生活中，哪有那么多的强弱差距，更多的还是势均力敌，这也就决定了胜利的秘诀就是坚持。在一切条件基本相同的情况下，坚持便是一切。生活中有很多渴望能够成功的人，但是真正成功的却很少，因为他们不能做到持之以恒。想当初，马云要在中国做电子商务，多少人对他嗤之以鼻，甚至是嘲笑他傻；但是他没有随便放弃自己的信念，坚持了下来，最终成就了今天的阿里巴巴。

“古之立大事者，不惟有超世之才，亦必有坚忍不拔之志”，坚持不是嘴上说说这么简单地，当你选择坚持的时候，就意味着要独自面对更大的挑战。对失败者来说，他们并不是没有机会，也不是没有资本，但是在持有更多更优秀资源的同时，他们也丧失了坚持下去的信念和勇气。

古希腊著名的思想家哲学家苏格拉底曾经公开授徒，有一次在讲授知识的时候，一名学生向他提问：“老师，我们要怎么样才能成为一名像您一样学识渊博的人呢？”

苏格拉底没有立刻回答，而是看了看在场的同学，发现大家都用期待的眼神看着自己。他想了想，对学生说：“其实要想成为学识渊博的人很简单，但是这需要你们自己去体会，我现在给你们大家安排一项新的学习任务，如果你们谁能够做到，也就明白了怎么样才能成为学者的道理了。”

学生们很兴奋，纷纷追问，到底是什么任务。苏格拉底接着说：“这件事很简单， 那就是我请大家从今天开始，每天挥动胳膊500次。每次挥动都要尽量伸展到极限，但是每天什么时候做都随你们，大家能做到吗？”

学生们都笑了，这么简单的事情怎么能做不到呢？看到众人答应了，苏格拉底也没有再说什么，继续开始向大家传授知识。

就这样过了一个月，有一天，苏格拉底装作漫不经心地问学生们：“你们当中还有谁在坚持每天挥动500下胳膊啊？”话音刚落，面前90%的学生都表示自己还在继续这项任务，苏格拉底点点头，依旧没有做出任何点评，继续讲授知识。

半年之后，苏格拉底又问大家：“你们还有谁在坚持每天的挥臂任务啊？”这次表示自己还在坚持的只有50%了，而且大家的热情都普遍不高。苏格拉底依旧不置可否。

一年过去了，苏格拉底再次问学生：“请告诉我，最简单的甩手动作，有哪几位同学坚持做到了今天？”这时整个教室里只有一个学生举起了手，这个学生就是后来成为著名哲学家的柏拉图。

纵观那些成功者，他们都是心力强大的人，通俗地说就是“活得明白”，表现为以下几点：①清楚自己想要什么；②清楚自己怎么能得到想要的；③有强大的执行力能够得到自己想要的；④善于调整自己的心态应对过程中的沟沟坎坎。

这些条件都能支撑他们坚持挺过那至关重要的“5分钟”。当然“5分钟”只不过是一个虚数，关键在于坚持。如果不肯坚持，那么“5分钟”后可能会发生转变，等于放弃了成功的机会。所以，只有多坚持一会儿才能知道奇迹会不会发生。

坚持也不仅仅是机会主义，并不是说坚持下去等待胜利，而是坚持下去主动靠近胜利。在坚持中，你收获的不仅仅是冷眼和嘲笑，还有经验和教训，这是旁人无法体会到的。这些点滴的积累，就像涓涓细流汇聚成大江大河一样，终究会成为你成功路上的助力。

胜利就是比别人多坚持“5分钟”，这更是一种精神要求。面对压力的时候，能够顶住风浪顽强执着地朝着既定目标前行，这本身就是一种胜利。现代职场所需要的就是这样一种执着的精神，它是员工迈向专业的基石。工作随着志向走，成功随着工作来，这是成功人生的一大定律。一个执着于远大志向的人，工作效率会更高，生活质量会更好。

第十章

保持超越之心：激发潜能，让自己变得更优秀

在工作中不断超越自我，每天都有所进步，这样的员工会在持续成长中赢得更多被委以重任的机会。对企业来说，团队成员保持超越之心，就能在执行中创造无限可能，充分发挥人力资源应有的价值。

1. 超越现状，在工作中不断提升自我

有人曾经说过："我们都有一些自己并不晓得的能力，能做到连自己做梦都想不到会做成的事。在面对需要时，我们就会奋起而应付环境，并且做到似乎不可能的事。"

任何人所具有的潜能都是无限的，就像埋藏在深海里的石油资源，极为雄厚却很难被人类发觉。人们不是不想去开采它们，而是因为其外部形象太过豪华美丽，因而深陷其中无法自拔，一直告诉自己那仅仅是一片海洋而已，从而失去了进一步探索的机会。然而事实并非如此，当我们重新拾起信心，勇敢地与现状说再见，大胆去创新，就一定可以找到深藏海底的珍宝，开辟出新的天地。

一个孩子在山上玩耍，捡到了一个鹰蛋，并把它带回家。爸爸妈妈见鹰蛋与其他普通鸡蛋没什么区别，便把它与鸡蛋放在一起孵化。过了几天，小鹰与小鸡们一起出生了，然后一同成长。

然而，小鹰发现自己与小鸡长得不一样，因而时常感到忧伤，并且不愿意和小鸡在一起玩耍，而是经常独自发呆。时间一天天过去，鹰也慢慢地长大，它越发觉得自己不能再这样生活下去，心里始终有一个奇怪的想法，"我不是一只鸡，我与其他鸡是不一样的！"

这一天，鹰与鸡一同来到鸡场外面，看到一只巨大的老鹰呼扇着翅膀在天空翱翔，然后向远处飞去，随后又飞回来。这不禁让鹰想起，平时自

己总能感受到一股奇怪的力量，总想跃跃欲试。这时，鹰终于明白了：我不应该再与鸡为伍，我与它们不同，我可以像老鹰一样展翅飞翔。想到这里，鹰的心里充满了激情。

但是，鹰一次都没尝试过飞翔，就连向低处跳跃都没练习过，但这无法撼动它飞翔的渴望。它用力挥动翅膀，克服了重重困难，终于飞起来了。它飞过房顶，飞上小山，后来又飞向了更高的山峰。最终，它也能像其他老鹰那样在天空中自由自在地翱翔。直到那一刻，鹰才感受到自己原来如此伟大。

鹰之所以能够发现自己内在的潜能，是因为它认真地观察自己与其他动物的不同，从而发现自己对现状是多么地不满足。它不愿意与鸡为伍，因为那只会让它安于现状，一生过着安逸的日子。对员工来说也是如此，仔细地观察周围的事物，想想自己的抱负是什么，学着认清方向，这意味着进步的开始。

然而，发现潜能绝不能仅仅依靠观察，更重要的是在确定方向后如何改进。上面的故事中，鹰明白自己想要振翅飞翔、遨游天际后便展开了行动，即使在不了解如何飞翔的情况下依然敢于向新事物发起挑战，最终实现了目标，取得了成功。企业中的员工也是一样，不论在生活中还是工作中，都要不间断地付诸实践，唯有这样，才能展现我们全部的潜能。常言道："实践出真知。"人的所有认知都来源于实践，而实践便是实现潜能的唯一途径。

霍金的命运十分悲惨，十七岁的时候拿到了牛津大学的入学通知，没想到在二十一岁时患上了萎缩性脊髓侧索硬化症，并被医生告知只剩下两年半的寿命。在这样的重创下，霍金没有倒下，而是选择勇敢面对，他坚信这只是命运在和自己开玩笑。于是，他决定利用剩下的时间去做一些有意义的事情。然而，他终究抵不过病魔的纠缠，身体每况愈下，病情越来越严重。

随后，他无法依靠自己的双腿站住，只能整日待在轮椅上，只剩下两个手指能够自由活动。到了1984年，霍金已经无法正常说话，与人沟通十分困难。1985年，又患上了肺炎，必须将气管切开进行治疗。从那以后，他彻底失去了说话能力。之后，亲人在霍金的轮椅上安上了电脑和语音合成器，他便利用这两个工具与人沟通。

尽管这样，霍金依然没有放弃学习和工作，坚持在轮椅上看资料，研究学术问题，并做出相关报告。就这样，他出版了《时间简史——从大爆炸到黑洞》一书，成为科学界赫赫有名的大人物。当然，在顽强坚持下，霍金没有像医生所说的只能活两年半，今天他依然坚强地活在世界上。

如同卡耐基所说，霍金完成了常人眼中不可能的事情。面对病痛的折磨，霍金依靠坚强的意志战胜了一切。而在现实生活中，很多人生一点小病就开始找各种借口逃避工作，从而被消极情绪包围。

在工作中亦是如此，任何人都会身处逆境，遇到诸多困难的事情，但一味地逃避绝对解决不了任何问题，反而会形成一种不良的工作态度。然而这些人全都忽略了自己身上强大的力量，它可以帮助我们度过所有艰难险阻，那便是潜能的力量。很多人无法快速地分辨出这种力量，更有甚者不清楚这种力量的存在。

因此，如果每个员工都能将智慧的双眼擦亮，发现自己身上蕴含的无比强大的力量，自然容易突破现状，在工作中不断提升自我。其实，每个员工的心里都存在着一块珍宝，很多人之所以无法触及它，是因为他们不能超越现状，无法提高自己的能力和水平。

倘若这种能量被人们发掘出来，一定会创造出很多原本不可能的奇迹。不可否认，职场中绝大部分人都是普通的一份子，然而就是这些普通员工的体内也蕴藏着强大的能量，只要勇敢地抛开现状，勇敢地去发掘，就能够有巨大突破，在改变当前工作现状的同时改变人生命运。

2．创新，用更好的方法解决问题

“创新是一个民族进步的灵魂，是国家兴旺发达的不竭动力。”对于一个国家而言，创新起着非常重要的作用，失去创新能力的国家注定是失败、没有前途的。

国家如此，企业和个人亦如此。一个人如果没有创新意识，终其一生只能碌碌无为，更别提能为企业和社会贡献多大的力量。企业及其团队倘若失去了创新精神，就无法实现长久发展，甚至连生存都会成问题。

美国加州圣地亚哥市有一家很有名气的饭店——柯特大饭店。这家饭店在当地非常受欢迎，但因为经营时间很长了，原来的电梯已经过于狭窄和落后，遇到客流量大就出故障。因此，饭店老板邀请到顶级的建筑师、工程师，商量如何改建电梯。

经过一番商讨，他们决定把饭店内正使用的电梯撤掉，重新安装一台大电梯。但是，换电梯是一个不小的工程，需要大半年的时间，在这段时间里饭店将无法正常营业。

饭店老板听到这个解决方法后眉头紧锁，说道：“如果饭店大半年都不能营业，我会损失掉一大笔利润。除了换电梯，就没有其他可行的办法了吗？”建筑师和工程师回答道：“以我们这么多年的工作经验来看，除了换电梯真的没有其他更好地办法了。”

这时，饭店里的一位服务员恰巧经过，刚好听到了双方的对话。服务员想了一下，自信满满地对建筑师和工程师说："其实在饭店的外面再安装一部新电梯就可以了，这样既不影响饭店正常营业，也很好地解决了客人的流通问题。"

建筑师和工程师听后惊呆了，纷纷点头表示认可。于是，老板决定按照服务员的想法进行改建，从而很好地解决了原本存在的问题。

富有经验的建筑师和工程师难以解决的问题被一名服务员一语道破，原因就在于服务员敢于挣脱固有思维的束缚，勇于用创新的视角去解决问题，而建筑师和工程师却陷入旧日的经验和观念中无法自拔。

从这个案例可以看出，进行创新必须摒弃旧思想、旧观念，不能因为过去是这样做，现在就必须这样做。但是，放弃头脑中固有的旧观念非常困难，需要不断地对身边的事物进行观察和思考，同时改变自己的思维方式和考虑事物的方法，跳出原有的圈子，从而找到解决问题的良策。

日本一家建筑公司最近承包了一个新的工程。在工程即将结束的时候，安装电线的工作遇到了困难。电线需要从管道内穿过，管道非常细，直径仅为3厘米，它没有露在外面，而是被砌在了砖石里，足足有15米长，而且其中间部分有四处弯成了直角，这给工作增添了很大麻烦。

马上到了工程结束的日期，可是这个问题一直无法解决。于是，公司老板决定集思广益，倘若谁想到了解决办法，就给予奖金激励。没过多久，一位名叫松本一间的装修工找到老板，表示想到了好的办法。

松本一间买来两只小白鼠，一只公鼠，一只母鼠。他先将电线的一端牢牢地绑在公鼠身上，然后将它放在管道的一端，将母鼠放在管道的另一端，并用力捏了一下母鼠，把母鼠疼得吱吱叫。

公鼠听到母鼠的叫声后，急忙钻进管道，不一会儿就跑到了母鼠的身边。然后，工作人员将绑在公鼠身上的电线取下来，从而解决了安装电线的难题。

松本一间的主意十分新颖，仅用两只老鼠便解决了公司一筹莫展的难题，表现出令人拍案叫绝的创新之处。生活中，人人都见过老鼠，它们短小精悍，经常在管道里上蹿下跳。但只有松本一间将这样的小细节运用起来，与工作联系在一起，顺利解决了工作难题。

松本一间之所以能够做到这一点，与他的细心观察是分不开的。但仅有观察是远远不够的，还要认真分析观察所得并将其与实际联系在一起，真正地运用到实践中。松本不仅从老鼠身上获得了灵感，还与实际问题紧密结合，最终成功攻破了难题。

然而，在日常工作中很少有人能够像松本一间这样上进，企业中大部分的员工往往因为怕闯祸、怕受到批评而失去了创新的勇气，他们总是规规矩矩、一成不变地完成工作，有的甚至拒绝改变。还有一些员工觉得创新不是自己该做的事，不用自己去完成，只需做好本职工作就可以了。

这样的员工或许能够得到老板的信任，但很难赢得被委以重任的机会。对老板来说，企业需要鲜活的力量，那些敢于创新的人便是鲜活力量的源泉。相反，一味的循规蹈矩、墨守成规只会让企业停滞不前，失去动力。

作为一名企业员工，具有敢于联想和善于发现的能力是非常重要的。只有这样，员工才能很好地做到创新，从而使企业保持鲜活的状态。其实，创新并不像有些员工们想象的那么深不可测，只不过他们顾虑太多，不敢尝试不确定的事情，从而与成功失之交臂。

“人类最伟大的品质之一，便是创造性。”所有人都拥有潜在的创新能力，只不过有的人善于发掘，有的人则选择了忽略。唯有创新才能求生存，这也是人区别于其他动物的一大特点。

创新需要不断尝试，它不光展现了人们的聪明才智，也是对耐心的一种考验。在创新的过程中，总会面临各种各样的失败，但只要能坚持下来就会获得成功。作为一名企业员工，一定要在创新的路上勇敢坚持，争取用更优秀的办法为企业创造更多财富。

3. 让老板看到你的价值

在职场上，每个人都希望通过自己的努力不断提升自我，朝着心中的理想不断迈进，在完成职场目标的同时实现人生价值。实现这些奋斗目标，最重要的是得到老板的重用，从而获得升职加薪的机会。

但是，能够得偿所愿的员工总是少数，大部分人在自己的工作岗位上原地踏步，始终无法与梦想牵手。为什么出现这种情况呢？其实原因很简单，这些人在职场中才华一般，甚至处于可有可无的位置，当然无法引起老板的关注。如果想得到老板的重用和提拔，首先要让老板注意到自己，进而让其看到自己的价值所在。

码头上有一群人正在忙碌地干活，他们一直在搬运着各种各样的东西。老板也在那里，认真观察一个年轻男子。一会儿，一个农民工的儿子来到老板身边，抬起头用恳切的眼光看着他，问道："叔叔，长大后我也想像您一样富有，我现在应该做些什么呢？"

老板年轻时也是一名农民工，当他看到孩子那赤诚的眼神时，颇为触动。他蹲下身来，笑着对孩子说："你看到那边穿着红色上衣的叔叔了吗？你可以向他学习，也去买一件一模一样的上衣，以后每天都穿着它努力地工作，总有一天，你会比我更加成功。"

小孩儿转身看了看那个穿着红色上衣的男子，似懂非懂。老板看到孩子疑惑的表情，露出了微笑。

几天后，老板找到孩子，对他说："其实那个红衣男子与其他不停工作的人一样，全部是这里的工人，但是这么多人中我唯独记住了红衣男子的名字，其他人几乎全都忘记了。之所以对他印象这么深刻，是因为他每天穿的衣服颜色与别人不同，其他人都是暗色，只有他穿了最显眼的红色。而且他工作非常认真，总是最早来、最晚走，工作中比其他人要勤快得多。但是说了这么多，起初就是那件红衣服吸引了我，让我开始关注他。"

"其实，红衣男子跟我年轻时有几分相似之处。当年我也是一名民工，希望通过努力开创一片属于自己的天地。所以我总是认真地工作，凡事都比别人勤快。但是我从不和其他工人穿一样的上衣，因为要想从人群中突显出来，就要与众不同。因此，我买了一件很特别的衣服。没过多久，老板便认识了我；又过了一段时间，老板提拔了我；之后的几年中，我通过不断努力创办了属于自己的企业，然后就走到了今天。"

孩子听了老板的话，尽管有些似懂非懂，但是眼神里的疑惑不见了，反而多了一份笃定。想必他一定明白了老板的话，明白了其中的深意。

这则故事从一位老板的视角讲述了一个深刻道理，究竟什么样的员工才最吸人眼球。故事中的老板因为与众不同的红色上衣注意到小伙，而小伙的优秀表现让老板印象深刻。倘若某天老板要提拔新人，首先想到的必定是这个红衣小伙。

由此可见，任何人都不会无缘无故地受到重视，凡是得到老板提拔且晋升迅速的人必定有比别人突出的地方。如果想在职场中快速得到老板的青睐，引起对方注意只是第一步，更重要的是第二步，即让对方看到你与众不同的能力，以及自己能为企业创造的价值。

试想一下，红衣小伙依靠艳丽的上衣成功引起老板的注意，倘若在这之后他没有辛勤工作，反而是吊儿郎当，那必定会起到强烈的反作用，加速失去老板的信任。因此，做好第二步是重中之重。

那么，到底如何凸显自己的价值，赢得老板的信任呢?

首先，要踏踏实实地工作，这也是最为重要的一点。如同红衣男子，每天去得最早，走得最晚，工作起来比任何人都要认真。这样的人之所以更容易被老板看重，就是因为老板安排工作时，不仅看中员工的工作能力，也会充分地考虑此人是否可靠。

那些踏实勤奋的人通常能够保证本职工作如期完成，并且那种认真的态度也会无形之中感染周围的人。这类人不论是工作能力还是人品道德都值得老板给予信任。

其次，要重视细节的处理，不做粗枝大叶的人。工作中多一点细心，就会获得更多的回报。工作当中细节无处不在，它们往往体现在工作中的许多小事上，非常容易被人忽视，但很多时候就是这些看起来不重要的小事却决定了一项工作是否能取得成功。

因此，在平时的工作中不论碰到多么细微的东西都不能轻易放过，一定要对其进行恰到好处的处理。长此以往，老板就会发现你总能发现别人注意不到的东西，必定会对你更加重视，或许在不经意间你就会得到意想不到的收获。

相反，倘若对它们置之不理，久而久之，许多小事堆砌在一起就会变成巨大的漏洞，到那个时候再去弥补已经来不及了。

由此看来，员工的使命之一是出色地做好本职工作，坚持不断超越自我，将自己的价值在工作岗位上发挥到最大限度。任何一个企业都需要能够为其创造价值的员工，绝对不会养一群不做实事的闲人，员工所能创造的价值越大，老板越会重用他、提拔他。

4. 不懈努力的员工会脱颖而出

在工作中一定不缺这样的人，他们或天资聪颖，总有新奇的想法；或受过良好的教育，拥有较高的学历；或有突出的专业技能，对专业问题颇有见解，他们本来有很高的起点，却没有走到理应到达的位置。到底是什么出了问题?

总结起来，问题就出在了他们自己身上。这些人往往会觉得自己的起点比别人高，在刚刚参加工作时便想着赶快大显身手，好好做出一番成绩。但正是这样的心态和处事方法让他们陷入了尴尬的境地。他们觉得自己好像高高在上的样子，却忽视了自己的能力是否足以胜任工作。

西方有一句谚语，“能爬上金字塔的，要么是雄鹰，要么是蜗牛。”老鹰依靠过人的天赋和天然的身体条件总能顺利地飞上金字塔，而蜗牛则是凭借着坚持不懈的努力和超越常人的意志力一步一步爬上金字塔。职场中如同老鹰这样的人总是极少数，大部分人虽然或多或少有一些优势，然而想脱颖而出必须持续不断地努力。

刘波毕业于美国哈佛大学计算机专业，并取得了博士学位，随后他决定回国发展。学历很高，想来找工作应该非常容易，然而刘波屡次碰壁。公司拒绝的原因有很多，有的公司觉得他处在一个高不成低不就的尴尬状态，高学历必然给予相应的高待遇，这势必引起其他员工不满。而且公司对刘波的能力也尚未考察清楚，如果与其他员工同等待遇，显然令刘波无法接受。所以，在找工作这件事上，刘波陷入了尴尬境地。

随后，刘波对自己的情况做了分析，明白一直找不到工作的原因。接着，他再去找工作时，决定隐藏自己的高学历。结果，他很快就找到了工作——在一家软件公司做清洁工。在旁人看来，清洁工的工作与刘波实在太不搭，但他却毅然留下来。

在做清洁工的日子里，刘波非常勤奋，从不偷懒。这一天，公司的程序输入员生病了，没有来上班。当时，有一份非常重要的工作需要输入员及时完成。刘波看到这种情况，马上向部门经理说自己可以试一下，其他员工投来鄙夷的神色，经理也觉得不靠谱，便没有给他这个机会。这件事很快传到了老板耳朵里，他决定让刘波试试。

刘波终于有了展现个人才华的机会，用心完成了工作。大家看到刘波竟然这么厉害，不由得投去赞叹的目光。

老板以前是一位编写软件的高手，看了刘波编写的程序后非常吃惊，因为里面用到了很多十分精彩的程序设计，而这绝不是普通的程序员能完成的。冥冥之中，他觉得刘波不是一个简单的人物。于是，老板让刘波来到办公室，仔细地询问他的详细情况。刘波早有准备，随后将自己的学士学位证书拿出来，老板看后二话不说让刘波在公司担任程序员一职。

一个多月过去了，老板对刘波又有了新的认识。原来，刘波在工作中总能给老板提出一些非常有价值的意见，这是一个普通本科毕业生很难有的见地。随后，刘波便在合适的时机将自己的硕士学位证书拿给老板看。自然，他再次得到提拔。

后来，刘波依旧表现出色。老板认为他异常优秀，总觉得他深不可测，便又一次将他请到办公室。此时，刘波认为应该亮出底牌了，便将博士学位证书拿给老板。至此，老板终于明白了刘波为什么每次都能带来令人惊异的表现，在日后的工作中便更加重用他了。

刘波学历背景优秀，绝对是加分项，但这并不代表他在事业上一定能够稳步前行。多次找工作碰壁的经历让他明白，起点再高也要脚踏实地，起点高未必能实现梦想，必须一朝一夕地不断积累经验和才干。显然，任何人都要经过不懈的努力才能成功。

在工作中，不要担心努力没有回报，坚持不懈的人总有一天会脱颖而出，最终成为普通人中最闪亮的那个。刘波从一个清洁工做起，他心怀梦想，踏踏实实地一步一步地迈向高峰。这个过程中，他的每一个脚印都非常清晰。

爱迪生有这样一句名言："天才就是百分之一的灵感，加上百分之九十九的汗水。"著名的药学家李时珍刻苦钻研医药植物，不断搜集各种资料，一路上战胜无数艰难险阻，最终编写了《本草纲目》这本著作。爱迪生出身贫寒，从小就不被看好，但他从没有放弃自己，顽强自学，最终成功研制出灯泡和灯丝。

这些人之所以能够成功地脱颖而出，与他们坚持不懈的努力是分不开的。在职场上，起点高不能代表一切，员工千万不能因为自身条件优越就沾沾自喜，那往往是停滞不前的开始。相反，只要认真工作、踏实努力，任何人都能够脱颖而出，找到通往成功大门的钥匙，成为团队中的佼佼者。

5．不断学习是一生的需要

在一个飞速发展的社会，各个阶层、各个岗位的人都需要不断学习来更新知识体系。过去，一个人只要学会一技之长就可以终生受用，现在绝不是这样。眼下还在应用的某项技术，明天可能就已经过时了。

技术人员倘若长时间不学习使用新技术，很快就会被淘汰。作家如果不学习新知识，写出来的作品便跟不上时代的进步，更别提符合大众的口味了。知识、技术更新换代的速度让人目不暇接，因此任何人都不能停止学习。

荀子曾说过："学不可以已。"学习是永无止境的，人的一生分为很多阶段，每个阶段都需要不断地学习。学生时代，在学校里要不断学习文化知识；进入职场，在企业里要不断学习与工作相关的内容，不断接受工作中的新生事物；在家庭中，要不断学习照顾家人、体谅父母的能力。

由此可见，学习无处不在，想在社会中站稳脚跟，必须具备良好的学习技能，树立"活到老，学到老"的观念，这样才能不被时代抛弃。

1994年，杨澜毕业后来到《正大综艺》担任主持人一职。她家教优秀，有着较高的文化素质，在她身上不仅洋溢着青春的少女气息，也展现出职场知性女性形象。除此之外，她还拥有独特的主持风格，既高雅又不失本色，既轻松又回味无穷。

《正大综艺》录制了两百期以后，杨澜毅然辞职，随后远赴美国继续深造。她来到哥伦比亚大学，攻读国际传媒专业硕士学位，拓展个人发展空间。

最初做这个决定的时候，很多人纷纷表示不解，他们觉得杨澜在事业上已经非常成功了，只要坚持做好本职工作就能收获很多殊荣，何必再去继续学习呢？然而，人的位置越高，越明白知识的重要性，越会对自己的现状感到不满，越想通过学习来改变未来。也正因为如此，杨澜才决定辞去《正大综艺》主持人一职，变回一名学生，去美国继续学习。

完成深造后，杨澜再次回到观众的视野中来。这一次，她发生了翻天覆地的变化，举止投足间都展现出与众不用的气质，不仅提升了自身境界，也在人生中开启了另一扇大门。

倘若杨澜在完成两百期《正大综艺》后没有选择出国留学，继续深造，那么她现在可能依然坚守在综艺舞台上，而不会有所突破。如果这样，或许就不会有之后《杨澜访谈录》《天下女人》的辉煌了。显然，赴美留学的经历开阔了杨澜的视野，增加了她的学识，让她变得更加优秀。

在企业中，或许有的员工会觉得自己不再是年轻人了，没有坚持学习的必要了。这种想法肯定存在很大缺陷。不管到什么时候，只要有想学习的欲望，那就为时不晚。当然，年轻人有自己的学习方法，岁数稍大的人也有适合自己的学习方式。

任何时候，每个年龄段的人都能坚持自主学习。只要能够端正学习态度，不为曾经取得的好成绩骄傲自满，也不为过去糟糕的成绩怨天尤人，就完全可以通过学习的力量改变自身的现状。然而，忽略学习重要性的人比比皆是，但他们往往有一个共同点，那就是或多或少会吃一些亏。

在信息领域，比尔·盖茨是个了不起的人物。这位业界大亨也曾因为忽视学习新事物而吃亏，因为没能及时发现行业内的重大变化，最终与难得的机遇失之交臂。

当时，比尔·盖茨与微软公司的其他高层都忽略了对新兴事物互联网的学习，没有对其引起重视。1995年视窗95上市以后，比尔·盖茨才意识到互联网开始兴起了，微软转而向互联网行业投入资金。

而网景公司早就发现了这个商机，此时它的股票已经从28美元涨到了58美元，其总裁也早已成为亿万富。而比尔·盖茨在错失这个机会后，花费了几年的时间才赶上来。1995年11月，微软刚刚投入互联网行业，一点业绩都没有。因此，微软公司的股票未能出现在“推荐购买”行列中。

到了1996年6月，比尔·盖茨开始关注发展公司网，但是他必须花费一年多的时间，才能让公司走出当前的窘境。之所以会这样，就是因为当初他错失了绝佳的机会，所以需要用高昂的成本去弥补。

信息行业发展快速，瞬息万变，可以说是众行业中最令人捉摸不透的。而比尔·盖茨因为未能及时学习关于互联网的知识，没有把握住互联网大趋势，结果与最好的发展机会失之交臂，错失了在互联网起步阶段最佳的发展机会。通常，一次小失误往往需要花费大量的人力和物力才能弥补，甚至有些是根本无法弥补的。

比尔·盖茨的经历带给我们深刻的启示，忽略学习没有好的未来。这是一个需要终生学习的社会。人的一生其实很短暂，学习的时间并不很长，但需要学习的东西却非常多。因此，不管从事什么工作，都必须要有终生学习的意识。只有这样才能展翅翱翔，游刃有余。

走出校园以后，一旦参加工作便放弃了学习，那么未来的日子大多止步不前。反之，如果能将学习当作一生的事业并为此埋头苦干，不断进修、不停创造新的东西，那么你的努力一定会超出所有人的想象。任何时候，坚持学习、不断努力的人总能收获快乐的心境，高效地开展工作。

终生学习需要坚定的信念，也需要用行动做支撑。在这个过程中，坚持非常重要。有的员工会觉得坚持二十年还有可能，但坚持一生实在困难。将学习看成一种乐趣，而不是必须完成的任务，就能从中找到快乐，坚持下去也不再是一件难事。

不断学习是人一生的需要，做到这一点，你一定会获得广阔的职业发展空间，取得令人震惊的成绩！

6．正视错误，才能减少失败

人非圣贤，孰能无过。人生路很长，任何人都会犯下很多错误。现实中，人们犯错后的第一反应是为自己找借口，将错误转嫁到其他事物上去；而不是正视错误，反思自己哪里做错了，到底为什么犯错，以及该如何改正。

还有很多人犯了错误羞于承认，不敢对别人说起。其实，犯错误是一件很正常的事情，重要的是该怎样对待错误。如果处理错误的方法不恰当，很可能会导致非常严重的后果。相反地，如果科学、合理地对待错误，则会起到事半功倍的效果。

戴尔公司创始人迈克·戴尔一直对其员工灌输一句话，那就是“不要粉饰太平”。其实，他是想告诉自己的员工，当在工作中犯了错误，千万不要想着可以通过什么方式来美化错误，而要选择勇敢面对，用正确的方式对待错误，这才是正确的处理方式。

张瑞敏到海尔冰箱厂以前，这里的产品一直都分为一、二、三等品。自1984年成为这里的管理者以后，他一直对员工讲述产品质量的重要性，希望改变大家心目中对产品等级的界定。然而，落后的思想观念实在根深蒂固，其效果非常不明显。

到任的第二年，张瑞敏偶然收到一封客户发来的投诉信，上面写道海尔冰箱存在的质量问题。张瑞敏看完信，立刻赶去工厂仓库检查冰箱。他将厂内的四百多台冰箱全部仔细地做了检查，一共找到了76台质量不过关的冰箱。

随后，张瑞敏将主管质量问题的人员找来，询问他们处理办法。质管人员说像以前一样在企业内部进行处理。张瑞敏听后非常不满地说："那是不是代表着以后还会继续生产质量不过关的产品？这次绝不能这么处理，一定要将它们全部销毁！"说完，他用一把斧子将其中一台冰箱砸碎。

之后，他告诉整个质管科的人，让他们将76台冰箱全部砸碎，并对大家说道："从今以后，绝不允许再出现这样的产品，倘若再出现，那就责任到人，谁生产的谁负责。"

张瑞敏这样做的目的是，让员工在将锤子砸向冰箱的瞬间，经受一次次良心的谴责，让全体员工亲眼目睹这一令人震撼的场景，让大家在一声声沉闷的撞击声中体悟"心痛"的感觉。这件事让全体员工受到了一次极为特别的质量洗礼，并在狼藉满地的破损冰箱中反思自己的过失，在警醒中端正对质量的看法。

此后，全体员工自觉地树立起"质量第一"的观念，并在工作中认真履行这一思想。接下来，海尔才有了质量过硬和广受用户信赖的产品，也为其走上国际化道路奠定了基础。

"砸冰箱"事件对整个海尔都起到了很大的震慑作用，也为海尔日后的辉煌打下了基础。面对工厂犯下的错误，张瑞敏没有采取任何包容的态度，也没有任何企图掩盖的迹象，而是正确地对待错误，因为他深深地知道，倘若这些劣质产品再继续存在于市场上，日后一定会让自己尝尽苦头。

试想一下，倘若张瑞敏没有用这么大的力度打击不合格产品，而是选择了将它们在企业内部进行处理，那么日后海尔员工依然会抱着侥幸心理去生产冰箱，还免不了会出现许多劣质产品。张瑞敏的做法给所有员工深刻的教训，让他们真正感觉到心痛，从而将"质量第一"的思想深深地记在心里，永不忘记。

张瑞敏处理错误的方法恰到好处，不仅减少了公司发生重大损失的可能，也为公司创造了良好的质管体系，减小了公司失败的几率。然而，也有一些企业因为未能及时正确地处理错误而遭到了重创。

某一汽车公司用户接连发生多起严重交通事故，经过对事故的排查发现，造成事故发生的原因是汽车的质量存在很大问题，一时间该公司的汽车质量问题引起了大众的广泛关注。

该公司的汽车在整个世界都很有名气，如今发生这么严重的质量问题实在让人很诧异。原来，自1996年起，该公司便察觉到汽车质量存在很大的漏洞，但公司为了节约成本，将损失降到最低，没有按照相关规定将不合格产品返厂进行改良，还采取了相关措施对用户进行欺瞒。

最终，这种愚蠢对待错误的方式不仅严重伤害到用户的利益，也损害了公司形象。同时，企业高层纷纷落马，并受到了法律的制裁。

该公司不肯正视自己的问题，不能积极主动、快速地处理问题、更正错误，而是消极抵抗和隐瞒错误。这不仅未使事态得到好转，还让事情越闹越大，问题越来越多，直至无法收场。由此，消费者失去了耐心和信心。这种掩耳盗铃、缺乏诚信、消极应对的做法，无疑是对消费者的嘲讽和不尊重，也是对自己不负责任的表现，终究无法逃脱制裁的恶果。

由此可见，在企业中，每个员工都要勇敢地承认自己犯下的错误，正确地对待失败的经历，积极地解决遇到的问题，而不是选择逃避。正确对待错误的言行，不仅表现了一个人诚实负责的态度，也体现了其对企业和工作的忠诚和热爱。然而，那些只会报喜不报忧的员工无法得到企业和老板的信任和尊重，也无法有更大作为。

所以，直面错误可以降低失败的概率，它不仅是企业成功的保证，也是任何员工都应当遵守的行为准则。每个员工都要时刻记在心中，丝毫不能松懈。

7．不要满足于“优秀”

工作中，许多员工都认为自己已经做得非常好了，已经将工作做得很“优秀”了。也有一些人小有成就后就开始自满，觉得自己现在的生活已经非常不错了。但事实真的是这样吗？其实不然。人的潜力是无穷的，一旦开始满足于当前，便离失败不远了。

员工只有做到不为当前成绩沾沾自喜，方能一直拥有继续进步的欲望，这样的人往往会想尽办法让自己变得更好。不满足于眼下的“优秀”状态，就能够激励着员工不断进步，不断取得更加优异的成绩。而一旦对这种状态感到满足，危机便已经到来了，它会让人无法看到更远大的目标，进而逐渐偏离成功的轨道。

周刚大学毕业后，顺利进入了一家跨国公司从事人事工作。在工作中，他非常努力，踏踏实实地完成本职工作。除此以外，他还利用工作之外的时间继续学习，不断提升自己的职业技能，很快就得到了老板的重用，被提升为公司的人事主管。之后，他又凭借工作中的出色表现晋升为人事总监一职。

当上总监后，周刚的薪资直线上升，公司也为他提供了丰厚的物质奖励。由此，他过上了心目中美好的生活。他满足于当前自己所拥有的小成就，工作上不再像初入职场时那么努力了，有时会迟到早退，向上司请假也成了家常便饭。他甚至将一些工作丢给自己的助理。身边很多人相继提出忠告，要对工作认真负责，他不以为然，还自信满满地说："我对现在的状态非常满意，不需要活得那么累。"

三年过去了，周刚在总监的位置上无所作为也就算了，竟然在工作上出现了漏洞。朋友再次劝告他不应该再这样下去，可是他依然不屑地说："公司能有序地发展，我功不可没。公司不能没有我啊！"

之后，周刚在工作中依然丝毫提不起热情。直到有一天，他走进办公室，发现助理已经坐在了自己的位置上。助理递给周刚一纸解聘书，并说道："从今天开始由我来接替你的工作，你可以离职了！"就这样，周刚因为满足自己一时的成绩而被公司辞退。

在成为公司的人事总监前，周刚一直都是一个优秀的员工，他在人事岗位上兢兢业业，踏踏实实，不仅做好自己的工作，还不断提升自我。也正是因为这样的优秀表现使他顺利到达了人事总监的位置。但成为总监后，周刚却开始骄傲自满，满足于当前自己的"优秀"，从而失去了继续努力的动力，被自己的助理赶超。

由此可见，在职场上满足于当前的"优秀"是多么可怕的事情。员工一旦对自己的状态感到满足，那便是停滞不前的开始，也意味着总有一天会被后来者淘汰。这样的人工作起来没有热情，只想着将手上的工作应付过去就可以了，更不会挑战新事物，从而失去了更多进步的机会。

因此，员工千万不能满足于当前已有的工作成绩，只有不断进步，一直朝着更好的方向前进，才能成为公司中必不可少的人。任何员工都不可能丝毫没有缺点，但是要想使自己变得更加强大，还要提高标准来要求自己。

1988年，马云在杭州师范学院英文专业毕业，毕业后来到杭州电子工学院工作，成为一名大学英文老师。在大学校园里任教的几年中，马云一直都是激情满满，在讲台上如行云流水般的演讲不知道感染了多少年轻学子。

1995年，在马云30岁的这一年，他被评为“杭州杰出青年教师”。随后他在西湖边上创办了一个英语角，专门从事英语翻译工作，不久便在杭州小有名气，很多人都到那里找他翻译文章。

马云有些忙不过来了，便请来许多懂英文的人帮忙翻译，还为此成立了海博翻译社。从此便开始了艰辛的创业之路。翻译社走上正轨后，马云在美国朋友的介绍下开始接触互联网行业，偶然发现了中国市场存在的一大空缺，便致力于互联网的开发。后来，他凭借最初的热情创办了阿里巴巴、淘宝，最终走向了商业人生的巅峰。

马云在杭州电子工学院任英语教师时就获得了不小的殊荣，可以说已经是小有成绩了。但他并没有满足当时的“优秀”，在岗位上沾沾自喜，而是继续努力，一直坚持学习，还接触了当时的新兴事物互联网，最终取得了巨大的成功。

试想，倘若马云在获得了“杭州优秀青年教师”的称号后，一直沉醉在当前的成绩中，那么就容易丧失斗志，很可能像周刚一样堕落下去。在马云身上，能够看到他那富有激情、永不满足的精气神。正是这样的精神，使他在事业上勇往直前，不断超越自我。

对员工来说，如果想做到真正的“优秀”，就必须做到不满足当前的“优秀”。只有这样，才能一直保持进步，走向成功。因为，不满足“优秀”的人一定拥有很强的进取精神，而这样的人往往不会被企业摒弃。

世界上永远没有最好的，所以员工必须记住“不要最好，只要更好”这句人生格言。员工如果想得到老板的重用，成为企业必不可少的那个人，必须一直在进步，绝不满足当前的成绩。这样员工会在进步中收获更多的自信，个性也会慢慢变得成熟。

第十一章

培养共赢之心：没有完美的个人，只有完美的团队

管理大师彼得·德鲁克曾经说过："企业成功靠的是团队而不是个人。"正因如此，任何人的成功都必须依靠一个卓越的团队。只有团结协作，优秀的个人才能变得更强、更出色。而如果一个人离开了团队合作，那他将很难成就任何事业。

1．没有合作精神的企业是一盘散沙

俗话说得好：“兄弟一心，齐力断金。”要想完成一件事，单靠一个人的力量是很难的。唯有彼此间协力合作，才是通往成功的最佳之路。在一个企业内，合作精神更是必不可少，倘若员工之间不能很好地合作，那么企业就像一盘散沙，无法很好地凝聚在一起。

不论是工作还是生活中，合作都是至关重要的。它是一种精神，且无所不在。发挥这种精神所形成的力量之巨大往往超出人们的预想。任何人忽略合作，必然遭受惨痛的教训。相反，那些具有合作精神且重视合作的人必将得到意想不到的收获。

三只老鼠几天没有吃东西了，于是决定一起去偷油。它们来到盛油的缸旁边，发现缸很深，想要吃到缸底仅有的一层油非常不易。三只老鼠已经非常饥饿了，看到吃不着的油变得更加着急了。

这时，一只老鼠说道：“我们必须采取点措施，不如这样吧，咱们三个分别咬着另外一人的尾巴，然后依次吊到缸里去吃油，如果不这样做，谁都吃不到油。”另外两只听后觉得很有道理，于是大家一拍即合，立刻行动起来。

第一只老鼠先吊下去，它在缸底大口地吃着油，心里暗自想到：“一共只有一层薄薄的油，我得趁机多喝点儿。”而吊在中间的老鼠心想：“油这么少，它在下面喝了这么半天肯定没剩多少了，那我们岂不是白忙活了，到头来还是饿肚子，看来我该直接跳下去。”

这时，最高处的那只老鼠也在盘算着：“这些油根本不够我们三个吃，等它俩吃完了，也就没我的份了，我得赶紧下去多喝点。”随后，它松开口，三只老鼠全部掉到了缸底。等它们饱餐完了，发现谁都出不去了。

这三只老鼠之所以落得如此下场，是因为它们不懂得合作的重要性，只知道以自我为中心，惦念的只有自己的利益。倘若它们积极遵守合作的规则，按照事先排好的顺序吊下去吃油，结果就另当别论了——不仅每个人都有机会吃到油，也不至于困在缸底。

由此可见，合作对一个团队来说是多么重要。俗话说：“一根筷子轻轻被折断，十双筷子牢牢抱成团。”一个人的力量是很小的，但人与人团结在一起成为一个团队后，力量就会无限变大。

在一个外企的招聘过程中发生了这样一件事：招聘当天，有很多人前去报名，其中大部分都是本科生和研究生，这些人有良好的教育背景，对知识的掌握都非常出色。公司董事长得知此事后，觉得应当采取一种特殊的方式对他们进行面试，因为单纯的知识测试无法达到预期目的。

面试开始了，董事长让前六个人一起面试。随后，工作人员拿出100元钱，并告诉他们这就是大家中午的饭钱，要保证每个人都有饭吃。交代清楚后，六人便来到一家饭店，走进去询问饭菜价格。结果那里的服务员说，一个人的饭菜最低是20元钱，他们算一算，一人20元，六人就是120元，但一共只有100元钱，不可能完成任务。随后，六个人回到了公司。

见到董事长后，大家说明了在外面发生的事情。结果，董事长一边摇头一边说：“尽管你们对知识的掌握是毋庸置疑的，但我还是不能聘用你们。”当中一个人不明白为什么，便向董事长提出了疑问。

董事长说：“在派你们去那家饭店前我就去那里考察过了，他们那里有明确的规定，凡是就餐人数超过五人，就会免费赠送一份。只要你们六人一同去那家饭店吃饭，就完全可以保证每个人都有饭吃。然而，你们没有将自己视为团队中的一员，只想着自己有什么需求。公司需要的是懂得与他人合作的员工，所以我不能聘用你们。”

董事长说完后，这六个人恍然大悟，明白了自己未能通过面试的原因。

正如董事长所说，倘若公司中的员工都只考虑自己的利益，而不懂得如何与他人合作以求共赢，那么公司一定是一盘散沙。这样做不仅无法有力地对抗竞争对手，也会大大削弱公司的力量。另外，这则故事也告诉人们，企业员工必须具有合作意识和能力，否则就会落得六名应聘者一样的下场。

任何企业都需要强大的凝聚力。过去企业采取传统的管理方法，总是上级向下级下达命令，忽略了员工在情感和心理上的各种需求。今天，企业更加注重对员工合作精神的培养，让他们在工作实践中加强沟通，引导大家具备共同的使命感、归属感和认同感，最终能够默契合作，使企业形成巨大的凝聚力。

一个具有合作精神的企业之所以能够成功，就是因为其中的每个成员都能够发挥出自己的特长，并且树立了强烈的合作意识，从而产生协同效应。否则，一个企业一旦失去了合作精神，那么将会成为一盘散沙，尽管看上去还是一个整体，但已经不具有强大的竞争力了。因此，员工绝不能单打独斗，一定要学会如何与其他同事密切合作，这是企业和个人成功的重要保证。

2．团队让你变得更加强大

自然界有一个让人捉摸不透的现象，那就是根很浅的红杉总是能够生长得很好，而有些扎根很深的植物却被大风连根拔起。后来人们才发现，红杉一直都是成片生长，每次都是见到一大片红杉林，而很少见到单独生长的一株红杉。它们的根紧紧地连在一起，总能一起抵抗大风的侵袭。因此，不论多么强烈的大风都不能撼动成千上万株盘根错节的红杉林。

植物如此，对人来说也是一样的道理。今天，无论你从事什么职业、处于什么环境，都无法脱离其他人的支持而独自完成所有的事情。因此，在工作中不能忽视团队的强大作用。

三个皮匠一起出门采购，走到半路突然下雨了。正巧路边有一座破庙，三人便进去避雨。来到里面，他们发现还有三个和尚也在避雨。和尚看到皮匠非常生气，说道："为什么说'三个臭皮匠胜过诸葛亮'？竟然还说'三个和尚没水喝'？你们怎敢这般诋毁我们、宣扬自己？"

皮匠看到三个和尚怒气冲冲，不想与他们起争执，便表现出谦让的姿态。然而，三个和尚越发咄咄逼人，非要讨个公道。

雨停了，六个人来到一个农户家里，向一位老人诉说了事情的经过。老人听完，一句话也没有说，而是吩咐家人将和尚、皮匠分别带到两间相同的屋子里，并让他们在里面度过三天。屋子里应有尽有，一个大锅里面盛满了食物，旁边还放着三只带有长柄的勺子。

三天过去了，老人将和尚、皮匠放出来。只见三个皮匠精神饱满，气色红润，而三个和尚脸色惨淡，有气无力。老人立刻询问两边的情况，原来三个和尚因为勺子的柄实在太长，用它根本吃不到饭。而三个皮匠却想到了好办法，他们发现依靠自己的力量根本吃不到食物，但互相喂食却刚刚好，于是他们三个人团结起来，每个人都吃到了丰盛的佳肴。

三个和尚只知道依靠自己的力量，却忽略了团队的重要性，皮匠则给他们做了很好的示范。由此可见，一个人单凭自己的力量很难生存下去，更别提有所成就了，然而如果能与他人团结合作，就能创造奇迹，像水滴融入大海一样掀起滔天巨浪，无所不能。

今天，职场分工很细，竞争也很激烈。如果你想独自拼搏，很难有所作为。但是，如果能够将自己的能力与其他人的能力相结合，或是融入到集体的力量中，自然容易产生意料之外的惊喜。几乎所有的大公司在招聘新人时，都十分注意人才的团队合作精神。他们认为，一个人是否能与别人相处、协作，决定了他的业绩大小。

温静刚刚从大学毕业，是一个非常优秀的女生。这一天，她来到麦肯锡公司参加最后一场面试。她之前的表现非常出色，一路走到了最后一关。这次她要参加的是一场小组面试，在面试过程中，温静总能迅速想到答案，因此她总是抢先别人一步回答问题。

面试进展到一半，温静越发咄咄逼人，根本不给其他人发言的机会。她觉得自己在面试中表现得非常出色，所有的问题都回答出来了，肯定能被录取。但是，公司公布出来的录取名单中却没有她的名字。

原来，当天进行面试的人力资源经理看到了温静的表现，觉得她虽然拥有超强的个人能力，但她眼里根本没有团队伙伴，只知道一味地表现自己，完全忽视了合作的重要意义。这样的人没有团队意识，未来无法在工作中胜任岗位职责，甚至会成为公司协作的障碍。

比尔·盖茨曾经说过："在社会上做事情，如果只是单枪匹马地战斗，不靠集体力量或团队的力量，不可能获得真正成功。"温静不懂得与团队协作配合，即使工作能力再强，也没有公司愿意雇佣。由此可见，一个人只有依靠团队的支持与帮助，方能真正变得强大。

随着竞争日趋激烈，团队的力量已经越来越得到企业的重视，因为我们已经进入一个团队协作的时代。一个人如果不具备团队意识，不愿与人合作，即使有再强的能力和周密的计划，也不会顺利实现目标。

只有团队取得了成功，个人才能成功。没有一个单独的细胞可以撼动一根稻草，也不会有人能够独自胜任一个团队能完成的工作。个人只有身处团队当中才能发挥自身的最大价值，并且每个人收获的荣誉和表彰都是来自于团队，团队才是个人获取胜利的根本保证。

因此，企业的每个成员都要主动在团队中找到适合自己的位置，并且认真地完成团队交付的任务，并借助团队的支持和配合施展个人才华。当一个人拥有强烈的团队意识，主动与他人合作，那么职业发展空间会变得无比广阔。

当员工真正地融入到整个企业之中，依靠整个团队的力量时，就能把自己不能完成的工作做好。一个人来到新的公司，上司很可能会分配给他一个难以完成的工作。然而，这样做不是为了为难员工，而是要考察对方是否具有团队精神。

对管理者来说，他要知道这个人是否善于融入团队、懂得沟通。倘若这个人一言不发，只顾自己费劲地摸索，最后会在单打独斗中迷失自我，延误工作计划实施。对员工来说，明智且能获得成功的捷径就是充分利用团队的力量。

3．与不同性格的同事默契配合

在现代企业中，员工通常来自各个地方，他们接受的教育不同，所学专业不同，经历的事情也不同，性格更是千差万别。但正是这些有差异的个体才构成了一个健康的整体。之所以这么说，是因为在一个企业或团队中，只有个体间能够相互补充，才能面面俱到，从而更加顺利地实现企业目标。

由于成员间存在巨大的差异，而在日常工作中成员间必不可少要打交道，所以团队成员在相处过程中一定要相互磨合，默契配合。只有这样，大家才能够真正做到相互补充和团结协作，更加出色地完成团队工作，为企业创造更大效益。

2005年10月12日，由费俊龙和聂海胜担任航天员的“神舟六号”飞船在巨大的轰鸣声中射向太空，并于2005年10月17日凌晨4时33分在内蒙古四子王旗中部草原成功着陆。对此，世人无不称赞他们俩是举世无双的组合。

我国第一位进入太空的航天员杨利伟曾向媒体这样透露：“神六”飞行，不比“神五”飞行。“神五”飞行只有一名“乘客”，不存在分工和配合的问题；但“神六”的飞行则是由两人小组完成，所以既要考虑他们的专业技术能力搭配，还要兼顾个人性格、心理稳定性的搭配以及双方良好的心理相容性。

在“神六”的飞行中，费俊龙和聂海胜分别担任指挥长和操作手。在升空过程中，指挥长将根据自己面前的一张操作程序表，指挥操作手用一根操作棒进行各项操作。因为穿着航天服，两名航天员能通过话筒与地面指挥控制人员直接对话，但两名航天员之间不能直接对话，只能彼此用手势交流。因此，两名航天员之间的默契配合至关重要。

在进行航天员挑选的时候，指挥中心便考虑到性格的互补问题，因为飞船上两个人的工作是有分工的，需要默契配合。同时，两个人在训练成绩上也要能够互补，并且愿意同对方一起执行任务。在三组候补梯队里，费俊龙和聂海胜不约而同地把对方作为首选。

费俊龙说，聂海胜最大的特点是沉稳和扎实。而聂海胜则称，费俊龙在工作上是一个非常严谨的人，无论干什么事情都想得比较细，做之前也会进行充分的准备，对训练中的每一个环节、每一个动作，都考虑得很细，使整个训练程序能完整、顺利地走下去。

虽然费俊龙和聂海胜两个人性格不同，但他们能相互容纳对方，取长补短，默契配合，这是他们能顺利完成航天任务的关键之一。

这个实例向我们阐述了团队成员间默契配合的重要性。倘若费俊龙和聂海胜二人不能完美配合，而是各执己见，谁都不低头，那么此次任务一定会以失败告终。实际上，任何工作都需要同事间密切的相互配合、相互补充。

但是，现在的许多团队成员间还存在很多不和谐因素。比如性格不合，无法忍受某个成员的做事风格等，最终导致不愿意与这个同事一起行动，整个团队也就因此而分裂，无法凝聚在一起出色地完成任务。

例如，在一些企业中经常有这样的情况发生：老板将一项工作交给两个工作能力都很强的员工，并让他们合作完成，结果却非常差劲。有时候，两人根本无法完成工作，即便完成后接受上司询问，两人也会争论不休，纷纷表示自己做的更多一些。还有的时候，两人在合作期间由于各种问题已经发生矛盾，根本无法继续共事下去。

其实，之所以会出现这样的情况，就是因为员工太缺乏团队意识，不具备互相协作的精神，更别提包容别人了，最终导致无法一同完成工作。

马云曾经说过，唐僧带领的团队是全中国最好的团队。在这个团队中，四个人性格有很大的差异，但他们却能够一直团结一心，度过重重艰难险阻，并且不达目的不罢休，最终达成所愿。

在唐僧团队中，师徒四人有着共同的目标是毋庸置疑的，他们性格迥异，很多时候会发生冲突，但总能通过互补来化解矛盾。其中，唐僧作为团队的领导者，掌控着整个团队的方向，不让其发生大的偏离。孙悟空是整个团队最有本事的人，古灵精怪却缺乏应有的自控能力。猪八戒好吃懒做，能力一般，但他总能够很好地协调团队成员之间的关系。沙和尚一直挑着扁担，在整个团队中任劳任怨，忠心耿耿。

由此可见，这四个成员虽然性格迥异，但总能配合默契，各司其职，各尽所能。可以说，唐僧团队失去了任何一个成员都无法正常运行。其实，团队成员间的互补也是一种美，因此领导者在选择成员时一定要注意选择性格上互补的人，否则会引发团队的内耗。

一个出色的团队需要不同成员间性格实现互补，这样既能够发扬优点，也可以避免短板。要实现这一点，就需要尊重各个员工的性格特点，将其特性发挥到极限。同时员工也要包容彼此，并且培养彼此的默契，这样各个成员间就能够协调协作，真正地拧成一股绳。

当然，是否懂得与不同性格的团队成员默契配合，也成为衡量一个人是否具备积极工作态度的重要标准。

4．关键时刻甘当配角

任何一个企业或团队实现成功运作，都需要不同类型的人才。为此，领导者需要将这些人才放在合适的位置上，充分调动每个人的工作积极性，这样才能做到团队间的合理分配，并将每个人的价值都发挥到最大。

在分配岗位的过程中，一定会有人做主角，有人做配角。一个团队中不可能每个人都闪闪发光，总有一些人从事幕后那些不为人知的工作。这种分工与合作，使得整个团队能够获得成功。因此，在团队中，每个人都要有奉献意识，不能总想着让自己时刻有光环环绕，关键时刻要放下身段，甘当配角。

一个企业有6名保安，经理想要在这6个人中选出一位做保安队长，但是他们都觉得自己能够胜任，纷纷毛遂自荐。其中有3个人在向经理诉说自己的想法时，还顺便说了其他几人的坏话，表示自己比他人强很多。经理想了一个办法，采用比赛的方法从这6人中选出队长。

经理先将6人平均分为两组，分别为甲组和乙组。随后经理告诉他们比赛规则，即徒手翻过一堵长约3米的高墙。哪一组上去的快，哪一组就获胜，接下来再从获胜组中选拔队长。其实，不使用任何工具来翻越这堵墙是极其困难的，而且时间仅有3分钟，这两个小组成员纷纷讨论着如何完成比赛。

甲组的3名成员最先来到墙角下，只见他们当中有一个叫做李强的年轻男子立刻蹲在了地上，让另外两个人赶紧踩着他的双肩快速爬上墙，然后再将他拉上去。另外两人犹豫了一下，还是听从了李强的建议。随后，那两人很快便爬到了墙头上，而后两人将双手递给李强，迅速地将他拉上去。然后，三人一同跳到了墙那边事先准备好的软垫子上。

经理看到甲组的表现非常满意，最终甲组只用了2分40秒便完成了比赛。

而这时，乙组还在争论不休，他们3人谁也不肯屈就自己。其中吴欢是他们当中最高的一个，只听他抱怨道："凭什么让我蹲下给你们当梯子呢？我不能相信你们，如果我把你们两个送上了墙头，万一你们两个合起伙来不管我了怎么办？我绝不冒这个险。"

随后，个子比较矮的王进说道："你不当梯子难道要我来当吗？我个子这么低，根本做不到，而且我今天身体非常不舒服，怎么可能承受你们两个人的重量！"时间一点一滴过去，转眼间三分钟已经所剩无几，可他们依然在争吵。这时，经理朝他们走来，说道："你们三个不要再争论了，比赛快要结束了。"

乙组成员依然无法达成一致意见，每个人都不肯退让。这时，经理又说："三分钟时间已经过去了，而你们还在这里争论而不采取任何行动，所以你们中的任何一个都与队长无缘了，不用再参加下一场比赛了。"

甲队顺利地通过了此轮比赛，与他们团结一致、齐心协力的精神是分不开的，其中李强关键时刻充当配角，为其他队员当"梯子"的精神起到了至关重要的作用。倘若李强没有这么做，而是和其他两人争论不休，谁都不愿意去为团队奉献，那一定会落得和乙队一样的下场。

在乙队中，倘若个头最高大的成员不那么计较个人得失，而是选择甘为人梯，与成员互相信任，想必乙队也能够顺利地通过挑战。

大家一定都听过蚂蚁军团的故事。当一群蚂蚁被巨大的火焰所包围时，它们没有四下逃窜，各自想方设法去逃命，而是瞬间聚集在一起，抱作一团齐心协力地滚出火焰圈，最终到达河边。

蚂蚁军团逃脱出来后，在最外层的蚂蚁已经被烧焦，失去了生命。它们直到生命的最后一刻都没有忘记自己的使命，是它们的无私奉献、关键时刻放弃自己充当配角的精神拯救了团队中其他成员的生命。

人们总是赞叹蚂蚁身体虽小，但其力量却无法抵挡。原因就在于，蚂蚁总是成群结对地生活在一起，它们总能够团结一致，遇到困难一起面对，即使面对失去生命的危险也绝不会退缩。正因为如此，这个团队才能一直战胜自然，成为一支“无敌”的队伍。

赛场上夺目的球星总是让人羡慕，他们似乎自带光环吸引了大家的目光，但是只有球星是赢不了比赛的，关键还需要那些甘于充当配角的球员的努力与配合。这些角色的球员往往都具有无私的奉献精神，每当团队需要他们，他们总能义无反顾地冲在最前面。而那些球星们没有了这些人的支撑也不会有那么多光环围绕。

在一个企业中，不管是普通员工，还是高级管理人员，都无法在没有别人支持、帮助的情况独自完成所有工作。倘若一个人不知道为大局着想，总是考虑自己的利益，在关键时刻不愿意充当配角，那么这个人便永远地失去了充当“主角”的机会。

因此，为了团队的整体利益，为了工作的完美，每个人都应当努力去学习团队精神并树立良好的合作态度。“红花还得绿叶配”，一朵娇艳的红花，只有在绿叶的衬托下，才会变得更美丽。

5. 遇到困难时寻求支持与合作

著名企业管理专家阿瑟·卡维特·罗伯特斯曾经说过："所有优异的成绩都是通过一场相互配合的接力赛取得的。每个团队成员要善于借用其他成员的力量，而不是单枪匹马独自完成整场比赛。"

在职场中，总有一些人崇尚个人主义，觉得不用别人的帮助自己也能做得很好，但是这样的人往往无法出色胜任岗位职责。今天，不管是从国家的层面，还是从企业或个人的层面来看，"合作共赢"已经成为时代大趋势。

生产商如果想维持盈利，绝对离不开产品批发商和原料供应商，同样批发商也无法脱离生产商和零售商而单独存在。团队成员也是如此，谁与谁脱离都无法得到长远的发展。

有这样一个故事：

有一天，一群男生在一段废弃已久的铁轨旁玩闹。其中一个男生突发奇想，想到铁轨上面走，于是他跳上铁轨，刚刚走出几步，便由于未能及时掌握平衡掉下来。还有一个男生也想试试，但走了几步也以失败告终。旁边的几位男生不由得嘲笑他们。

第一个走铁轨的男生看到大家纷纷笑出来，有些生气地说："你们不用笑我，我敢肯定谁都无法走到头。"之后，大家纷纷上去尝试，结果都掉了下来。

这个时候，当中的两个男生暗下商量着什么，随后说："我们两个都能走到头！"其他人听了纷纷摇头，表示不信。两个男生不顾别人的看法，一起手拉着手跳上两条不同的铁轨，慢慢地走到了铁轨的尽头。

其他男生看后非常惊讶，原来只要两个人互相支撑，就能走得更远。

遇到难题后，两个男生懂得寻求他人的支持，并与他人合作，因此才能相互支撑着走向远方。而其他男生只知道依靠自己的力量战胜难题，因此每人都只走了几步便摔倒了。

从这个事例中可以看出，单个人的力量是有限的，每个人都应当学会向其他人借力，获得帮助，并主动地融入集体中，吸取经验，增强能力。那些善于借力并使力的人，总能够以柔克刚，以小搏大，完成看似不可能的事情。

小李大学毕业后自己一人来到了北京，他暗自下定决心一定要有所作为。刚开始他感到非常迷茫，因为北京没有亲人朋友，再加上纷繁复杂的社会环境，一时间束手无策。几番辗转反侧后，小李最终在一家科技公司找到了工作，他非常高兴，决定大干一场。

但是，小李的专业技能不强，也没有工作经验，所以他的工作业绩一直处于低谷。小李一度意志消沉，甚至打算放弃北京的工作回到家乡。然而，正准备收拾东西离开时，他突然想到了自己所在的团队，想到了曾经一起并肩作战的队友。最后小李决定留下来，在团队中好好向其他成员请教、学习。

后来，团队中的其他成员非常耐心地帮助小李，教会他怎样才能提高业绩。现在，在团队的帮助下，小李已经是三次被评为企业内部的优秀员工了。

看到如今自己所取得的良好业绩，小李心想："倘若没有团队的支持，想必当初我早已放弃自己的梦想。是他们让我坚持到现在，并且可以做得这么出色。一个人只有置身于团队中才能够得以生存和发展。”

小李遇到困难后所采取的解决办法是非常正确的，他没有选择独自承担，而是向团队寻求帮助，主动向他人借力，并积极地与同事合作。正是这个正确的做法让他结束了最开始那段不如意的职场生活。倘若小李没有意识到团队的重要性，恐怕早已离开北京回到家乡去了，那样他就会离自己的梦想越来越远。是团队的支持与帮助让他重拾梦想，并一直坚持下去。

从小李的事例中可以看出，任何一个员工只要愿意融入集体，主动利用团队的力量，那么他就能取得高出自身能力几倍的工作业绩。就像每次上台领奖的都是一个人，但可以肯定的是，这个人的背后一定有属于自己的团队，一个人的成功少不了其他人的支持和帮助。倘若没有团队作为支撑，即便是天才，所能胜任的任务也是有限的。

单独的一滴水早晚会蒸发掉，但融进大海便可以永远存在，并与海水一同掀起翻天巨浪。员工也是一样，都有各自薄弱的环节，因此遇到自己无法独立解决的问题时一定要向他人求助，这是团队合作的价值所在。

在职场中求助于人，最重要的是信任周边的同事和伙伴，相信这些人能够站在自己的角度想问题，并且能与自己保持默契配合。只有在互相信任的氛围中，大家才能够无所顾虑地互相帮助。倘若一个企业、一个团队中的成员总是互相猜疑，彼此之间没有信任可言，就无法高效开展工作。团队成员间没有配合和互相帮助，只有单打独斗，这不仅无法体现每个员工的能力，反而削弱整个集体的力量。

因此，员工在工作中，一定要给予身边的同事充足的信任，关键时刻获取他人的帮助，学会借力与合作，进而与集体共同走向成功。

6. 帮公司节约就是为自己谋福利

在职场中，很多员工觉得自己与企业间只是一种雇佣与被雇佣的关系，自己为企业打工，企业付给自己薪水。许多时候，员工会将自己与老板对立起来，认为只要完成老板交代的任务就万事大吉了，至于其他一切都与自己没有关系。还有些员工总是抱着“反正不是自家东西，不用白不用”的想法，肆意挥霍公司的公共财产。

事实上，每个员工都是企业的一分子。在工作中为企业着想实际上就是为自己着想，帮公司节约就是为自己谋福利。树立与企业共赢的理念，员工在工作中会创造更大价值，成为企业最需要的人。否则，一个奢侈浪费、不懂节约的员工通常不会得到良好的回报，更严重的还会因此失去工作机会。

保罗是一位非常优秀的应届毕业生，顺利进入一家外企工作。公司的环境很好，给保罗的薪酬待遇也很优厚，并且有很大的上升空间。显然，他非常珍惜这次工作机会，工作中十分努力，取得了一定的成绩。

到了年底，公司经理找到保罗，说道：“保罗，你这一年的成绩公司都看在眼里。但是，公司最近成本剧增，需要减少一些工作人员，公司已经决定不再聘用你，下个月起你不用再来上班了。但是我们会发放给你三个月的失业救济金，希望你能在短期内找到新工作。”

保罗听后非常不解，心里特别委屈，自己平时的工作一直认真负责，为什么突然被辞退呢？保罗想要一探究竟，便问经理：“公司究竟是因为什么不再聘用我了？是因为我不够努力？”

经理赶紧解释说：“不，你一直都很努力，但你从来不会真正地为公司着想。工作中，你每次的出差费用都是同事中最高的，你从来不坐地铁只知道打车，只住高档酒店从不下榻中低档旅馆……”

保罗从不为公司节约成本，只知道使用公款一味地享受，没有哪个企业愿意雇用这样的人。这个实例也反映出如今企业中存在的一个较为普遍的现象，很多员工都没有成本意识，认为公司有的是钱，根本不会在乎这点“小钱”。但是一个企业要想提高经济效益，必须严格控制成本，只有具备了较高的成本优势，才能在市场上拔得头筹。

比尔·盖茨曾对微软的员工说过：“我们赚得每一分钱都来之不易，都是我们的血汗钱，所以不应该乱花，要花在刀刃上。”像微软这样的大公司都如此重视节约，更何况那些普通企业呢？因此，作为企业员工，一定要从自身做起，从小事做起，每人节省一点，整体下来就会节省很多费用，从而降低企业整体成本，有效提升企业的利润和市场竞争力。

广东有一家服装公司要参加一次展会，老板十分重视。参展过程中需要使用一批宣传材料，老板将秘书小艾叫来，让她负责宣传材料的印刷工作。

小艾接到任务后没有立刻去联系印刷厂，因为她想到上次展会还有好多宣传手册没有用，便问老板：“上次展会还有很多宣传材料没有用完，这次能不能继续使用呢？”老板听后，说道：“你可以把上次剩下的那些拿出来看看，核实一下有没有内容上的变动。”

小艾立刻找到那些材料，仔细地进行核查。核查完毕后，小艾又来到老板跟前，说道：“我刚才认真地核实过了，只有一个电话号码发生了变化，其他地方都是一样的。”老板听后觉得继续使用有些不妥，便吩咐小艾直接去重印。

可是小艾还是觉得那么多资料都白白浪费了实在太可惜，所以一直没有采取行动去和印刷厂联系。偶然间，她发现了老板在开会时用过的资料，其中老板需要换一个数字，就临时使用改正纸将数字改了一下。

小艾突然想到，宣传手册也可以采用这种方法将电话号码进行更正。于是，她立刻行动起来，将印着新号码的纸小心翼翼地贴在原来的位置上。随后，小艾拿着改好的资料找到老板，问道："我刚刚在资料上稍微做了修改，您看可以吗？"

老板拿过资料，看了一眼没有发现有不美观的地方，并觉得小艾处理得恰到好处，说道："这么改的确可以，那就不用重新印刷了，就按照这个办法去改吧！"随后，小艾赶紧将剩下的资料也全部改了过来。

后来，老板在会议上表扬了她："这次小艾出色地完成了工作任务，能够设身处地地为公司着想，虽然节约下来的钱并不多，但我能从这件事中看到她对公司的责任感。我希望大家都能够向她学习，主动地承担责任，那样公司一定会取得更好的业绩。"

作为企业员工，小艾设身处地地为公司节约资源，受到了老板的表扬，并成为全公司的榜样。小艾养成了节约的良好习惯，将公司当成自己的家一样爱护，不仅自己能从中感受到快乐，也会无形当中感染身边的同事。

其实，每一名员工都应当清楚一个道理，那就是公司的利益是与自己的薪水直接挂钩的，如果公司无法取得很多利润，甚至面临亏损，那么员工的工资也会受到影响。因此，公司的利润就是自身利益的源泉。正所谓"大河有水小河满，大河无水小河干。"每个人在为公司节约成本的同时也在为自己谋求福利。

节俭是一个人的美德，是一个企业员工应具备的基本素质，也是企业在生存中所必须拥有的能力。当一个员工肯为公司节约的时候，他一定是将公司当成了自己的家，这样的员工应当得到应有的重视和回报。

另外，对于所有企业来说，节约都是非常重要的。在保证产品质量过关的情况下，企业往往会省下那些可以节约的东西。因此，作为企业员工，一定要贡献自己的力量，从身边的小事做起，将节约进行到底。比如，纸张一定要两面都使用过才能扔掉，出差时尽可能使用花费小的交通工具等。树立节约的意识和理念，时时刻刻为企业着想，将节约放在心头，是一个优秀员工的基本素养。

7. 团队精神就是无私和奉献

今天，市场上的竞争越来越激烈，企业要想取得一席之地，绝不能依靠个人的单打独斗，必须依靠团队的力量。有了团队，就要有团队精神。很多人认为团队就是许多人一起去完成某件事，但这种理解是比较浅显的。其实，团队精神的核心是无私和奉献，即团队中的每个人都要积极地负起责任，关键时刻为了整体的利益放弃自己的利益。

华为创始人任正非曾经说过："只有具有牺牲精神的人，才有可能最终成长为将军。"在一个团队中，难免会碰到大局利益与自身原则或情感发生冲撞的情况，倘若员工总是维护自我，为了自身利益放弃了团队整体利益，那么整个团队便无秩序可言，只会渐渐走向没落。如果员工具有牺牲精神，懂得从大局着想，关键时刻牺牲自己的利益，为团队无私奉献，那么团队就可以所向披靡，战无不胜。

2004年6月，湖人队与活塞队一同进入NBA总决赛。湖人队是一只明星队伍，其球员阵容非常强大，主要成员有科比、马龙、佩顿和奥尼尔。当时的所有人都十分看好这支队伍，因为当中的每个球员都是最出色的，在观众看来这简直是一只有史以来最强大的团队，冠军势在必得。

与湖人队对战的是活塞队，这是一只由平民组成的普通球队，他们没有大牌明星的支持，也没有湖人队无与伦比的人气。在观众眼中，这支队伍是不可能赢得比赛的。

然而，比赛结果却让所有人大跌眼镜，湖人队很快便以1:4的比分败给了活塞队。究竟是什么原因导致的呢？原来，科比和奥尼尔一直因为谁做队长争执不下，直到进入比赛也未能解决这一问题，结果两人在比赛中根本无法密切配合。而马龙和佩顿则是为了NBA冠军戒指来参加比赛的，根本无法融进球队，更别提为比赛贡献力量了。就这样，整个湖人队没有一点凝聚力，就像一盘散沙，根本没有竞争力。

与之相反，作为一只平民球队，活塞队十分珍惜这次进入总决赛的机会。因此，整个队伍拧成一股绳，决定一展身手。其中一名队员说道："我们这支队伍有一个特点，那就是我们当中的任何一个人都愿意为了团队奉献自己的力量，甚至做出牺牲也在所不辞。我们只有一个目标，那就是夺冠。我觉得和我的队友们一起打球是一件非常快乐的事情，我们就像家人一样，为这个队伍、为彼此的队友无私地贡献自己的力量。"

湖人队的明星球员们为了一己私利，不愿意无所保留地为团队奉献力量，关键时刻不愿牺牲自身利益，从而使得整个团队战斗力急剧下降。不仅无法凸显个人的能力，反而整体都变得平淡了。而活塞队的成员们全是平凡的球员，但他们却拥有为了球队奉献一切的团队精神，正是这样的精神使得整个团队的力量无限变大，最终战胜了不可一世的湖人队。

其实，无私奉献的团队精神对于任何人、任何企业，甚至是任何国家都是至关重要的。任何一个团队少了无私奉献的精神，都无法在竞争中取胜，也不能实现任何伟大的发展目标。

汶川大地震发生后，全国上下的军人、学生和医护人员来到受灾地点，不分日夜的对灾区人民展开救援，正是他们无私奉献的团队精神使得汶川早日脱离了地震带来的伤痛。

那些成功的企业都有一支无私奉献、团结协作的团队，将人力资源的价值发挥到了极致。

那么作为当今社会的一名企业员工，怎样才能具备无私奉献的团队精神呢？

首先，员工要真诚地喜爱且忠实于企业，当企业获得荣誉或取得成功时，要衷心地为企业感到高兴。这样员工才能将自己与企业连在一起，企业得即我得，企业失即我失。有了这样的观念，员工就能够像爱自己的家一样为企业奉献所有。

其次，员工要积极主动地为自己的工作负起责任，认为自己有义务让企业变得更好、更强大。这样，员工就能激起全部热情为工作付出，尽全力为企业付出。

再次，员工要尽自己所能为企业贡献力量，而不能太在乎工作中的得失。太过计较得失，就会深陷烦琐小事无法自拔，不仅无法体会工作为自己带来的快乐，也不能发挥自己的全部能力。

最后，每个员工都要给予企业中其他成员以充分的信任，相信他们是值得自己去付出、去奉献的。团队成员间倘若没有信任，就不会真正地凝聚在一起，更别提彼此付出和牺牲了。

做到了以上几点，员工便能够展现出自己的最大潜能，不仅可以维护企业的运行秩序，也能够为企业创造更大的效益。

第十二章

提升诚敬精神：认同企业文化，创造优秀业绩

员工对组织产生强烈的心理认同感，热爱企业文化与价值理念，就能在工作中产生强烈的热情，最终创造优秀业绩。提升诚敬精神，带着使命感去做事，永远是个人目标和企业目标产生“共振”的必然选择。

1．企业文化引领员工正能量

随着社会不断发展，企业间竞争的方式也在不断发生新的变化。从前，不同的企业间通过财力和物力相互竞争，今天则通过人力和文化进行竞争。员工进入企业后不光要学习新的知识和工作技能，更重要的是要学习并认同新的企业文化。

所谓企业文化，是指企业在日常的运转过程中所形成的方方面面的行为方式和准则。不可否认，企业文化在如今的社会中起着非常重要的作用。倘若员工对企业文化非常认同，那势必会激发员工各方面的潜能，因为好的企业文化让员工觉得自己可以通过努力工作实现自己的理想。而不受员工认可的企业文化往往会起到强烈的负面作用，不仅员工无法提高积极性，也会泯灭员工的创造力。

然而，作为一名想要实现自身价值的员工，应当深刻地认识到企业文化的重要性，要主动地去学习并认同公司文化，以激发出自身潜能，带着饱满的正能量投入到工作中去。

张明大学毕业后顺利地进入了中兴通讯公司工作。这是一所开创了中国通信设备制造业先河的企业，它拥有独立自主的知识产权，已经发展成为我国高科技重点企业。中兴通讯从最初300万的一个小企业做起，逐渐发展壮大，一路披荆斩棘，如今已经走向国际，在美国和韩国的一些城市均有研发机构。在这十几年的发展历程中，中兴早已形成了独特的企业文化。

张明来到公司的第一件事就是接受员工培训，包括技能培训和企业文化培训。其中，企业文化主要包括三个方面，即诚信文化、顾客文化和学习文化。

诚信文化包括两个方面，首先是企业一定要讲诚信，绝不能出现谎报利润、欺骗消费者的行为。其次是员工之间要相互信任，坦诚相待。这不光是同级之间的相互尊重，上下级之间也要如此。

顾客文化是指永远把顾客放在第一位，竭尽全力满足顾客的需求，解决客户遇到的问题。这要求员工对顾客要有耐心和热情，为顾客提供优质的服务，真诚地重视、尊重且信赖顾客。

企业文化要求员工永远保持对学习的激情，坚持学习优秀企业的经验，同时也要直面自身存在的缺陷。员工还要善于学习新知识，绝不做被时代抛弃的落伍之人。在不断学习的同时也要激发自身的创造力。

整场培训下来，张明学到了很多。虽然初来新公司有诸多不习惯的地方，但企业的培训让他很快找到了归属感，员工们彼此坦诚相待，给予对方很多尊重。他渐渐地认同了公司文化，并且一直在身体力行。他工作中认真服务客户，总是主动维护客户的利益，站在客户的角度思考问题，还主动学习专业技能和企业文化。渐渐地，张明爱上了中兴，并在当中大展宏图。是企业文化给了张明无限的动力，激励着张明一直前进。

由此可见，作为一名企业员工，是否认同企业文化对其发展还是至关重要的。倘若无法认同所在公司的企业文化，那再高的薪资也无法挽留一个人，原因就是无法从企业中得到归属感，不认为自己是企业的一员，那么工作起来也不会快乐。

假若员工能够很好地接受企业文化，那势必会起到强大的正面效果。首先员工会认为自己可以通过公司这个平台实现自己的价值，进而完成自己的梦想。其次，员工也能找到归属感，在像家一样的企业中工作是非常轻松且享受的。

因此，进入一家公司工作，最重要的就是认同该公司的企业文化。那么，怎样才能快速地利用企业文化激发出自身潜能呢?

第一，员工要积极参与企业员工培训，尤其是对企业文化的培训。在培训过程中认真学习，积极融入到企业中去，尽快地树立与企业相同或相似的价值观。

第二，员工要在平时的工作中积极践行企业文化，主动将企业文化与工作联系在一起。这样，员工不仅能够更加深刻地理解企业文化的内涵，也可以尽快改变自己的旧有观念，更好地提高和改善工作。

第三，多与身边的老员工交流沟通，从他们的工作和言行中更加充分地了解企业文化，这样对员工树立与企业一致的价值观非常有帮助。

第四，积极参加企业举办的各种活动，不仅能够快速地拉近员工之间的距离，让彼此迅速熟悉起来，也能够在共同参与活动的同时建立起彼此间的默契，快速形成团结协作的精神。这样也能使员工找到归属感，变得更加依赖企业，无形当中便提升了对企业文化的认可度。

第五，真正地参与到企业文化建设中去，与企业高层一起讨论公司文化问题。同时，员工也可以积极地开动脑筋，集思广益，有了好的点子主动与上司沟通，真正地为企业文化建设贡献自己的一份力量。

总之，员工在进入企业后，千万不能对其文化有抵触心理，只有主动地学习，才能从中汲取能量，从而在工作中发掘出强大的潜能。

2．做一名有荣誉感的员工

所谓荣誉感，是指员工因为做出了出色的成绩得到了公司的认可和赞誉，从而引起员工内心产生一种自豪且积极向上，富有正面意义的心理感受及情绪。

工作中，那些拥有较高集体荣誉感的员工往往能够更加主动地承担责任，更加富有激情地投入到工作中去。同时，他们也会变得更加有信心，不仅能够努力工作，也会主动地去学习一些新技能，并有很好的自制和改正能力。

那些没有集体荣誉感的员工总是对自己的工作感到不满，工作起来没有热情，无法全身心投入，只会每天带着负能量工作。这样不仅不利于员工自身的发展，也会对企业产生不利的影响。

作为一名企业员工，一定要提升自己的集体荣誉感，学会以企业为荣，这样才能带着正能量投入到工作中，为自己的工作感到自豪。同时，这也非常有益于企业凝聚力的养成，员工也能够快速地融入到整个集体当中。

2011年5月27日，天宇化纤公司该年度的员工旅行顺利结束。这一次旅行对公司的全体员工来说是意义深刻的，因为这是公司第一次为员工准备了“专机”旅行。

丁凤荣曾经在青岛的另外一家企业工作，但是每天工作12个小时，周末有半天的休息时间，薪水大概是1700元/月。工作了两年后，丁凤荣来到了天宇化纤。在这里，她每天只需工作满8小时，而且每个月都能拿到2300元的薪水。对此，丁凤荣感到十分满意。

这次“专机”旅行结束后，有媒体记者前来采访。面对记者的访问，丁凤荣非常激动，她说：“同学们知道这次旅行后都非常羡慕我，因为很少有公司会为员工提供这么好的福利。这也是我人生中第一次乘专机出去旅行，我特别满足。企业让我有了很好的归属感，在这里工作是我的荣幸。”

另外一名已经在天宇化纤工作了十一年的老员工李熠则显得平静很多，她对记者说：“我是2000年来到这里的，那个时候企业中的大部分员工都不知道社保是怎么回事，公司便每月都按时为每个员工缴纳社保。自2002年起，每年公司都会组织员工外出旅游，一开始只是在市内，慢慢地发展到市外，直至省外。在这11年中，我不光见证了薪水的涨幅，也看到了公司对每个员工的关心和爱护。这确实是一个非常优秀的企业，我会一直在这里工作下去，与公司共同进步。”

丁凤荣初来乍到，对自己的公司非常满意，不仅迅速地找到了归属感，而且以公司感到自豪，这无形当中给她增添了很多动力，让她在以后的工作中充满正能量。作为老员工的李熠早已拥有了强烈的集体荣誉感，在她心里企业就是自己的家，企业能赋予自己优质的关怀和归属感，因此她毅然决然地决定与公司共同进步，一直工作下去。

在美国的西点军校，每名学生都必须记住全部军阶、徽章以及奖章的样子和不同点，以及它们都代表着什么含义，还有各种军用物资的用处、会议厅的座位应该如何排列等。如此一来，学生无时无刻不在受到影响，不知不觉便拥有了强烈的荣誉感。在西点，经过严格的训练，每名学生都能像军人一样严格要求自己，决不允许有损军人形象和荣誉的事情发生。

军人如此，企业中的员工也是如此。倘若一个员工没有足够的集体荣誉感，就算公司制定再多的规章条例，也无法真正规范员工的行为，反而会让员工对企业感到厌烦，使自己的工作热情越来越低迷。

由此可见，荣誉感对于一名员工是多么的重要。那么，一个员工应该怎样较好地提高自己的荣誉感呢？

第一，员工要积极地学习企业产品、企业文化等，尽快地接纳公司的文化和品牌，与公司产生共鸣。只有这样，员工才能与公司站在一条线上，真正地融入企业，从而在职业生涯上走得更远。

第二，员工要培养自己的责任心，让自己成为一个敢于承担责任的好员工。这样的员工品质作风一流，并且工作起来让老板放心，还能扛起公司的重任。

第三，员工要积极地融入企业，进而找到归属感。倘若一个员工不能在所属企业中找到归属感，那么他就会感觉自己是飘着的，工作中也会缺乏热情。只有找到归属感，才会有家一样的感觉，工作起来才会开心舒服。

第四，积极参与员工培训等各种活动，将自己的职业生涯与企业联系在一起。这样员工就会对未来怀抱希望，不光是为了薪水在工作，更是为了自己的人生目标在奋斗。

做到以上几点，对员工荣誉感的建立是非常有帮助的。总而言之，员工要清楚自己绝不仅仅是为了生存或获得薪水而工作，更是为了获得成就感和归宿感，从而实现自己的价值，获得长远的发展。

3. 忠诚是一种职业生存方式

清朝的魏裔介曾经说过："忠诚敦厚，人之根基也。"每个人在世界中生存，不可能不与他人产生关系而单独存在。在企业中也是如此，员工必须要与自己的组织、团队联系在一起，那么就一定要对他们保持忠诚，否则就会失去对方的信任，从而被抛弃。而衡量一个员工是否忠诚于企业，则要看员工是否愿意为了企业竭尽全力去奉献自我。

阿基勃特是洛克菲勒时代美国标准石油公司的一个小职员。虽然职位低，但他不论在什么时候，只要有签名的机会，就一定会在名字的后面写上一句"标准石油，每桶四美元"。每次寄出书信或开收据的时候，他也忘不了写上那句话。久而久之，身边的同事们开玩笑地给他起了一个外号，叫"4美元一桶"，慢慢地不再叫他本名了。

后来，石油公司的董事长勒克菲勒听闻了这件事，将阿基勃特请到自己的办公室，问道："为什么大家随意给你起外号，不停地叫你'4美元一桶'，你却一点都不感到不舒服？"阿基勃特说道："老板，我不会觉得不舒服，因为大家在叫我外号的时候，也对我们公司的产品做了无形的宣传，这是好事啊！"

洛克菲勒听后感慨万千，一边赞叹一边说："我们公司就缺你这样的员工！"于是，在后面的工作中，洛克菲勒重用了他。五年后，洛克菲勒离任，阿基勃特便接替了他的职位，晋升为该公司的董事长。

阿基勃特非常重视自己的工作，将工作与自己的生活融为一体。在他的意识里，自己就是公司的一员，公司就是自己的家，所以他兢兢业业，时时刻刻甘愿为公司做宣传，为工作奉献出自己的全部。这种对公司无比忠诚的精神赢得了董事长的赞赏，这也是他受到重视和重用的原因。

忠诚不仅是一种职业生存方式，也是职场人必须具备的优秀品质。在企业中，有很多考量员工是否合格的标准，比如员工是否有很强的工作能力，是否勤勤恳恳、主动学习，能否对工作负起责任等。但有一点不可否认，那就是忠诚于企业的人是最容易受到老板的信任和重视的。或许他们在工作能力上没有那么突出，但他们一定会认真对待工作，绝不会一心两用。当然，很多企业中都存在很多能力出众但忽略对企业忠诚的员工，而这样的员工一定不会受到老板的青睐，更有甚者会因此丢了工作。

李青大学毕业后进入一家企业工作，刚到公司不久便结识了同事张强。李青工作认真，想通过努力证明自己。他的勤恳老板都看在眼里，因此很快便受到了重用，并且连续几次向老板提出建议，他都得到了认可，意见也被采纳。但张强却迟迟得不到老板的提拔，他便找到李青说："你能不能帮我在老板面前美言几句，让老板也能看到我的才华。"

其实，李青对张强的为人不是非常了解，但作为同事，李青还是很想帮帮他。于是，李青便找了一个合适的时机向老板诉说了张强的请求。老板听后，对李青说："你知道我为什么不重用他吗？他曾经在别的企业工作过一段时间，辞职后来到我这里。但他是带着上家公司的核心技术来的。这样的员工我实在不敢重用，倘若他某天从我这里离职了，谁能保证他不会再次出卖公司的核心技术呢？"

张强背叛了原来的企业，将核心技术出卖给了新的公司。这一行为让新企业老板心存芥蒂，因为没有一个老板愿意相信一个曾经为了自身利益出卖公司的员工。而且这件事将伴随着张强一生的职场生涯，不论他走到哪里，任何企业只要听闻这件事，想必都不会重用他。

由此可见，对企业忠诚是多么重要的品质。在职场中有太多工作能力出众的人，但老板最想要的是那些能力出众且忠于企业的员工。如果在这两种品质中选一个，那一定是忠诚更加重要。因为老板宁可重用一个能力平平但爱岗敬业、对企业忠诚的人，也不会相信一个徒有能力、随时都有可能出卖企业、无视忠诚的人。

成为一名忠诚于企业的员工，首先要努力地融入企业，将企业与自己紧密地联系在一起，认真学习并执行企业的规章制度，接纳身边的同事。试想，当一个员工将企业当成自己的家一样，还有谁不愿意对其始终如一、倾尽所有呢？

其次，也是最重要的一点，就是决不允许损害企业形象和利益的事情发生。作为企业员工，要维护公司切身利益，任何时候都不能背叛自己的公司，绝不能做出像张强那种出卖公司的事情。这不仅关系到一个人是否忠诚，更是一个人的道德品质问题。

再次，在工作理念方面，员工要尽可能地与企业站在一个立场上，为企业经营献出自己的力量，有了好的点子要积极地向企业提出，与企业共同成长。当自身利益与企业利益发生冲突时，要把企业利益放在第一位。

俗话说，“成绩靠才能，升职靠忠诚”。没有哪个老板会随意地让某个人担任非常重要的工作。倘若员工想要出类拔萃，必须具备优秀的品质——忠诚于企业。将忠诚作为一种职业生存方式，在工作中比别人多做一些，不要认为那是吃亏，即便最终未能受到老板的重视和提拔，但无形当中也会学到比别人更多的知识和技能，从而使自己的职业道路更加宽广。

4．永远做工作的主人

工作是一个员工在世界上得以生存的根本，因为有了工作，才能维持日常生活开支。同时，它也是员工实现自身价值的依托，有了工作，才有施展才华的地方。但工作也是一把双刃剑，它既可以为员工提供丰厚的经济条件，让其快乐生活，但也能让员工变得消沉、愦懑，成为工作的奴隶。

一位制造工厂的老板想要更贴切地了解基层工人的工作情况，便来到基层视察工作。在工厂里，他一边走，一边查看工人的情况。

特德是工厂的一位设备操作员，技术十分高超，在整个工厂都很有名气。老板走过来，他正闲着没有事情做，于是问道："你的设备怎么了？"特德说："我的设备需要校准，刚才已经告诉校对技术员了，但已经过去很长时间了，他还没有来。"

老板听了特德的解释，说道："特德，你用这台设备多久了？"特德说道："估计快20年了。"老板听后露出无奈的表情，说："既然你用了这么长时间，竟会不知道怎么校对？你是我们厂最优秀的设备操作员，这实在说不过去啊。"

特德听后赶紧解释说："我用了这台设备这么长时间，闭着眼我都可以校准。但这不是我应做的事情，因为工作描述上清楚地写道，在我使用设备的同时如果发现其存在的任何问题立刻报告给技术人员，待其检修。所以，我没有义务来校准这台设备啊！”

老板听到特德的这番解释，心中非常不舒服。随后，他将特德叫到办公室，将原来那份工作描述撕掉，又递给他一份新的工作描述。特德打开一看，上面只写着四个字——“动动脑子”。

老板之所以看到特德的态度后十分懊恼，是因为校准这件事对于特德来说非常容易，可他却偏偏不做。很明显，这是工作态度有问题。虽然特德在专业技能方面非常出色，却无法主动完成与本职工作息息相关的任务，以至于白白浪费了时间，降低了工作效率。

假如特德能够利用等待技术人员到来的时间做完校准工作，就可以腾出时间做更多的事情。但他选择做工作的奴隶，被动地去完成工作。这样的员工即使技能再高超，也不会受到老板的重视和提拔。但是换一种工作思维，积极地承担工作，做工作的主人，则会是另一番天地。

邹晴本科毕业后来到一家外企做秘书工作，每天的任务就是整理、打印、编写一些老板需要的资料。在许多人眼中，邹晴所从事的秘书工作过于枯燥无聊，然而她却从中找到了乐趣。

每天面对公司的各种资料文件，时间长了，邹晴便能从当中发现许多问题，其中包括公司在一些经营方面的细节性问题。有了这个发现以后，她每天在完成了本职工作后，还会抽出一些时间来整理那些存在问题的资料。随后，邹晴将问题分门别类，还根据自己的想法写出了很多意见和建议。

后来，邹晴将积累了一段时间的资料以及自己的分析结果交给了老板。一开始，老板并没有在意。之后，老板偶然间看到了邹晴放在自己办公桌上的资料，认真读完后感到十分惊讶。他没想到自己身边的秘书竟能对公司的事情这么上心，还写出了这么精彩的建议。

之后，公司内部有了一次晋升的机会，老板毫不犹豫地推荐了邹晴。

邹晴在工作中充分发挥主动精神，她并没有只是被动地完成老板交代的任务，而是走在工作前面，将自己看成是工作的主人，主动看到工作中存在问题，并很好地完成。这样的员工将工作当作自己的事业看待，而老板所真正需要的正是这种具有主人翁意识的员工。倘若一个企业中都是这么优秀的员工，那这个企业想不发展壮大都难。

职场中一定有很多人都在困惑，为什么自己总是打不起精神来工作，每天工作都是度日如年，很痛苦却又找不到方法改变现状。如果想改变消沉的工作状态，就要尝试着做到以下几点：

第一，绝不给自己找借口，提高执行力。当员工无法高质量的完成工作时，总是想方设法地给自己找借口来逃避责任。久而久之，员工就会养成拖延等不好的工作习惯。因此遇到困难时，员工一定要学着积极主动地去解决问题，迎难而上，而不是遇事退缩。

第二，员工在工作中要重视细节，必须保证工作在规定的时间内高质量完成。除了工作的重点外，员工一定要对细节处理得当，因为一个不起眼的细节极有可能毁掉整件事情。另外，员工也要重视小事，端正态度，踏踏实实地从身边小事做起。只有这样，才能成就不平凡的事业。

第三，员工要提高主动意识和自发能力，在完成分内工作后自愿地承担起其他工作责任。只有具备主动精神的员工，才会自发地全身心投入到工作中来，并且这样的人往往能做到“眼里有活”，会主动发现企业存在的漏洞或缺陷，并加以解决，从而承担起更多的企业责任。

总而言之，每一个员工都要做自己工作的主人，这样才能甘愿与企业共同进步，才能在工作中更快地成长！

5．每个员工都要遵守规范

没有规矩，不成方圆。所谓规矩，就是规章制度、规范条例。对学校来说，规矩就是规范学生行为的准则。对国家来说，规矩就是法律规范，它能制约每个公民的行为。而对企业来说，规矩就是为员工制定的规章制度，来规范每个员工的工作和行为。

有一位学生去往日本留学，他利用课余时间在一家日本餐厅刷盘子打工。在日本，餐厅要求盘子必须用清水洗7遍才能继续使用。在这家餐厅里，员工的工资根据洗过的盘子数量来计算。这位留学生就想："即使我少洗两遍也不会有人发现的，这样不仅能提高工作效率，也能拿到更多的工钱。"于是，他每次刷盘子时都少洗一遍或两遍。

日本学生见他的效率这么高，便前来请教。留学生毫不遮掩地说："只要少洗一两遍就可以了。"日本学生听完，便逐渐疏远了他。有一天，餐厅老板来检查清洗盘子的情况，发现留学生清洗的盘子不够干净，便询问其中的缘由。

留学生说："其实，少洗两遍根本不会妨碍盘子的使用啊！"老板听完，义正言辞地说："你是一个不懂得遵守公司规范的人，我们不需要你这样的员工。"

这位留学生因为不守规范，被日本同学疏远，被餐厅老板开除。由此可见，遵守规范对员工来说是非常重要的。在企业中，不论是小职员还是高级管理人员都必须时刻执行规范条例；只有这样，企业才能高效率、高质量运转。倘若某些员工不能严格遵守企业规章制度，那么企业的正常运行秩序就会遭到破坏，企业就无法健康发展下去了。

巴林银行在1763年成立，它不仅有“女王的银行”这一称誉，还被赋予英国银行界泰斗的高度评价。然而，就是这样一所拥有两百多年悠久历史的、曾位于世界第六名的优秀银行，却在1995年2月27日宣布倒闭。这个消息一时间震惊了全世界，所有的人都在思考：这么强大的银行怎么会突然倒闭呢?

原来，巴林银行倒闭是由于过分炒卖金融衍生品造成的，而巴林银行新加坡分行的交易员尼克·利森由于没有遵守公司的规范条例，成为倒闭的直接导火索。当时，尼克·利森认为日本股市和利率一定会大幅增加，因此他在未经过银行同意的情况下大量的买入了日经指数期货。

结果，情况未能如利森所期望的那样，他的这一举动直接导致银行出现14亿美元的损失，相当于巴林银行全部资本的整整两倍。

尼克·利森由于未能按照银行规定去做自己的工作，而是选择忽视规范按照自己的想法去做事，结果导致银行严重亏损和倒闭，这样一个如此强劲的企业就这么被摧毁了。由此可见，作为企业或团队中的一员，认真遵守规范和纪律是非常重要的。

任何一个战斗力强劲、蓬勃向上的集体或企业都具有明确的规则，并能够高标准执行规则的团队。华为公司为员工制定了员工守则、人事管理制度等行为规范，其中明确规定华为员工要对工作尽职尽责、相互团结协作、努力学习并提高创新能力、积极沟通并报告工作等内容。这些内容在华为的日常运行中得到了出色贯彻和落实，使得华为公司及其员工进步迅速，在世界中站稳脚跟。

遵守规范对一个企业的发展起着至关重要的作用。作为一名企业员工，必须积极主动地去学习并掌握公司的行为规范，决不能忽视它们。即使公司的要求没那么严苛，员工也不能过分放纵自己。或许上司并没有因为员工偶尔的早退十分钟而大发脾气，但这样的行为会让领导觉得这个人缺乏应有的责任感，不仅对自己的工作没有激情，无形当中也会影响其他员工的工作热情。长此以往，会慢慢地失去上司的信任。

今天，在许多企业中，这种不遵守规范的员工大有人在。这种行为不仅大大降低了企业的运行效率，也让员工自身无法在工作中找到充实的感觉。那么，企业员工怎样才能做到积极遵守公司规范呢?

第一，员工要珍惜得来不易的工作机会，认真对待工作内容。员工要相信只要努力工作，就一定会有所得，从而依靠自己的力量谋得一席之地。并且，员工对工作保持虔诚的态度，把眼光看得长远一点，不能因为一时的困难就放弃未来的前途。

第二，员工要树立服从意识，做到服从企业的管理制度和行为规范等。在一个企业中，倘若员工不能做到积极服从，那么不论多么优秀的想法或战略都得不到贯彻实施，更无法建立到位的管理制度和优质的企业文化，多么精干的领导也无法施展才华。因此，员工必须从小事做起，把控好每一个环节，积极主动地服从上级领导和指挥，服从企业规章制度。

第三，员工要积极且有效地宣传企业或团队的规章制度，使得规范条例得以正确传播，否则会造成员工对规范的理解有误区，容易产生抵触心理。

总而言之，员工一定要遵守企业规章制度。只有这样，才能保证企业有序的运转，员工的价值也能得以实现。

6．发觉工作的意义，将其趣味化

在人们的生命中，工作占据着至关重要的地位。有人说，工作仅仅是为了赚钱，金钱就是唯一的动力，但这样的人往往工作起来非常痛苦，他们总是为了工作而工作。事实上，多数人都是为了获得工资而被动地完成任务，不能发挥自己的主观能动性。

然而，只有让自己对工作保持激情，方能取得出色的成绩。保持高昂的士气，仅靠自身利益来支撑是不行的，最需要的是自己从工作中取得的成就来不断激励自己。其中，站在顾客的角度去考虑事情便是最好的方法。倘若有一天发现，原来自己每天所做的工作能对他人产生很大的影响，就会深深地爱上自己的工作，从而一直保持激情和动力。

有一年，一位身体微胖、长相可爱的汉堡师傅占据了美国《时代》杂志的封面，一度震惊了整个美国。以前从来都是美国知名人物才能登上《时代》杂志，比如各个国家的总统、当代政坛的风云人物等，而从没有一位普通的汉堡师傅能够达到如此的高度。

原来，《时代》杂志的总编辑在纽约街头闲逛时，见到许多人自觉地排成一队在买汉堡，并且脸上露出非常开心的表情。见到这番情景，总编辑上前询问后才知道，这位卖汉堡的师傅非常有趣，他每天很早便来到这里卖汉堡，汉堡量大但价钱不贵，而且总会对顾客微笑，每个客人见到他都会受到感染。因此，顾客们早已经习惯每天清晨来这里买个汉堡，和他打声招呼。

于是，总编辑打算和这位汉堡师傅交谈一番，他上前问道：“你如何让自己做到每天都有一个好心情，并认认真真地把每个汉堡做好？”汉堡师傅听后，从容不迫且面露笑容地说：“我一想到每天早起做500个汉堡，那么就会有500个人可以享受美味的早餐，我就动力满满，我愿意将快乐分享并传递给每一个人。”

总编辑回去后便决定使用这位汉堡师傅作为杂志的封面，之所以这么做，就是想让人们向这位汉堡师傅学习，告诉大家不管做什么工作，都要有饱满的热情和激情。每份工作都有其存在的价值和意义，努力发掘并从中找到快乐的源泉，你就是一个非凡的员工。

这位快乐的汉堡师傅虽然从事着非常平凡的工作，但他总能在工作中找到自己存在的价值，那就是每天为500个人提供早餐，并把快乐传递给他们。正是因为他意识到了这份工作的意义所在，所以才能保持激情，并将工作做得更加有趣，感染着身边的每一个人。

但是，工作不可能是一帆风顺的，每个员工都会遇到各种各样的挫折和困难。如果你能成功地激励自己踏实做事，就容易做出成绩。其实，在激励自我的过程中，非常关键的一个环节就是为自己的工作寻找意义，如果员工无法明确工作存在的意义，不管用什么方法进行激励都不会有效。

清水幸之助是一位年轻的邮递员，他已经任职多年，总是觉得工作单调，所以打算辞掉工作，开始全新的人生。

这一天，外面下着大雨，到了傍晚时分，清水幸之助的信袋里还剩下最后一封信没有送出。他决定了，只要把这封信送出去，随后就辞职。因为雨水的缘故，信封上的地址很难认出，他只能一边问路人一边不停寻找，直到天都黑了才将信完好地送达。

对方收到信的时候，清水幸之助才知道，这封信是大学录取通知书，而那位已经被大学录取的学生已经在家里等候多天，家人也非常着急。就在他们拿到信封的那一刻，全家都喜极而泣。

见到这番情景，清水幸之助终于找到了工作的意义所在，于是决定不再递交辞呈，因为他发觉自己已经深深爱上了邮递员这份工作。在之后的日子里，他每次看到人们拿到信件时的高兴表情就充满了动力，并由此产生了无穷的动力。后来，他不仅因为工作上的出色表现受到了表扬，也成为日本邮政历史上不可磨灭的人物。

清水幸之助因为觉得邮递员职业单调而遭遇了事业的瓶颈，一度想要改变自己的职业。后来，他无意中发现了自己的工作是那么有意义，毅然决定坚守工作岗位，并做出了一番成绩。

由此可见，发现自己工作的意义和价值是多么重要。善于从工作中发现价值所在，这样才能不断积累力量，让自己工作得更加开心快乐。

发现工作的意义，让工作更加趣味化，首先要以肯定的态度对待从事的工作，将工作看成是有意义的，而不是为了生存被迫做事。那些将工作看成应对生活开支的人往往对工作没有兴趣，更别提热情了。相反，那些看到工作意义的人能够充分地展示自己，实现自己的价值。

其次，员工要重视自己的成长与未来的发展。对大多数员工来说，不可能在同一个岗位上工作一辈子，每个员工都需要不断地学习，面对职场激烈的竞争和淘汰机制。因此，任何人都要通过工作逐渐了解自己的长处和短处，从而为自己的职业生涯明确方向，找到能够发挥自己价值的工作。

任何工作都有其存在的意义，对企业员工来说，最重要的任务就是找到工作的意义，进而投入自己的全部热情和激情，从而积极愉快地走下去。

7．公司发展，你才能发展

企业的成绩绝不只代表管理者的成功，更是背后所有员工共同努力的结果。因此，员工一定要懂得自己与企业是“一荣俱荣，一损俱损”的关系，千万不要将自己放在企业和老板的对立面上，只有这样，员工才能在工作中不断进步，为企业做出更大的贡献。

“企业要想发展，离不开人才的支撑，而人才要想实现自身价值，必须以企业为载体。”事实的确如此，对员工而言，只有企业发展得好了，自己才能拥有更多的发展机会和发展空间。否则，在一个没有发展前景的公司里，再有能力的员工也找不到用武之地。

刘刚在大学毕业后来到一家外贸公司工作，刚进入公司时他只是个不起眼的小职员，通过几年的努力拼搏终于成为总经理助理。然而，这时公司发展遇到了瓶颈，面临着巨大的困难。刘刚按照自己的想法制定了一份计划书，想改变公司的现状。

在与老板沟通以后，双方的想法发生了偏差。最后，老板决定坚持自己的看法，于是刘刚不得不放弃原有的计划。公司按照老板的计划运行了一段时间后，发现经营状况并没有好转，市场份额一直处于下降状态，也没有创新的产品出来。

看到公司处境没有好转，刘刚几天都没有回家，一直在公司里加班加点做事。那时，其他同事都笑他邋遢，工作起来从不知道收拾自己。就在公司快要面临破产的时候，刘刚完成了自己的计划方案。依靠自己多年积累起来的工作经验，刘刚查阅大量文件资料，凭借团队成员的共同努力最终研发出了适应市场趋势的新产品。

老板接受了刘刚的方案，成立了一个改革小组。后来，在刘刚的带领下，公司开始寻找供应商和工厂厂商，用尽各种资源寻找客户。经历了百般困苦的磨炼后，刘刚终于为公司打开了局面，避免公司走向破产。随后，老板给他大量股份，获得了充分信任。

刘刚为企业员工做了很好的表率，他将自己的命运与企业命运联系在一起，在企业面临倒闭风险的时候，义无反顾地站出来谋求化解之道。期间，他几天几夜不回家休息，每天蓬头垢面，为公司的生存争取机会，一丝生机都不放过。刘刚之所以这么做，是因为他已经深刻地认识到了公司发展对自身发展的重要性。倘若公司倒闭了，那么自己也就没有了施展拳脚的平台。更重要的是，刘刚已经将个人命运与公司命运融为一体。他认为，当公司陷入困境，自己有责任和义务挽救它。

由此可见，员工要想发展，必须以企业发展为基础，员工的命运是与企业的命运紧密联系在一起的。今天，很多员工一直觉得自己是为企业打工，根本不关心企业将来会怎样发展。他们认为，企业的发展与自己无关，倘若将来有一天企业衰败了，再到别的企业工作就可以了。

其实，有这样想法的员工是非常悲哀的。他们无法明白企业命运与自己到底有着多么关键的联系，更无法清楚企业发展对自己到底意味着什么。换句话说，只有当企业取得了利润，员工的工资福利才能提高。倘若企业不能良性发展，员工想要优厚待遇就无从谈起。正因为如此，只有企业发展了，员工才能发展。

作为一名企业员工，不论处在什么位置上，要想激情并快乐地工作，就要找到工作的意义。然而，很多员工困惑于如何寻找工作存在的意义，结果工作中缺乏热情，找不到动力。

首先，员工要积极主动地投入到工作中去，找到自身价值与企业利益的均衡点，让二者在平衡中相互契合。只有这样，员工的才华才能够得以施展，自身价值才能完全地展现出来。员工始终将个人利益放在第一位，很难成为团队需要的优秀人才，更不会与企业共同成长。

其次，员工一定要树立一种“命运共同体”意识。只有树立了这种意识，员工的思想和行动才能与企业发展保持同步，企业的目标才能得以顺利实现。倘若员工总是将自己与企业分离开来，那么员工便无法做到为企业无私地奉献自己的才华和能力，总是为自己留后路的员工是无法与企业共命运的。

总而言之，每一位企业员工都必须树立起正确的人生观、价值观，把自身价值与企业的发展结合在一起，将自己的价值取向与企业的价值取向结合起来并使其保持一致性。一旦发觉从事工作的真正意义，你就能认真完成本职工作，并焕发出无穷的创造力。这样一来，员工还能让工作更加趣味化，从而开心快乐地做事。